AI와 뷰티테크

AI문고

인공지능 시대입니다. 기계가 인간의 인지를 대신하고, 사물이 인간을 통하지 않고 다른 사물과 직접 커뮤니케이션합니다. 이에 따른 인간 삶과 문명 변화를 정확히 이해·예측·대응하는 것은 이 시대 우리 모두의 과제입니다. AI문고는 인공지능 기술과 환경의 여러 주제를 10가지 키워드로 정리합니다. 관련 개념과 이론, 학계와 산업계의 쟁점, 우리 일상의 변화를 다룹니다. 인간과 기술의 현재, 미래를 세심히 분석합니다.

일러두기

- 인명, 작품명, 저서명, 개념어 등은 한글과 함께 괄호 안에 해당 국가의 원어를 병기했습니다.
- 외래어 표기는 현행 어문규정의 외래어표기법을 따랐습니다. 다만 솔루션, 팔로워 등은 관행을 따랐습니다.

처음이세요?

전문가세요?

AI와 뷰티테크

이동윤

대한민국, 서울, 커뮤니케이션북스, 2025

AI와 뷰티테크

지은이 이동윤
펴낸이 박영률

초판 1쇄 펴낸날 2025년 11월 28일

커뮤니케이션북스(주)
출판 등록 2007년 8월 17일 제313-2007-000166호
02880 서울시 성북구 성북로 5-11
전화(02) 7474 001, 팩스(02) 736 5047
commbooks@commbooks.com
www.commbooks.com

ISBN 979-11-430-0671-4 03500

책값은 뒤표지에 표시되어 있습니다.

차례

사고 싶은 얼굴을 설계하는 시대

지금은 '사고 싶은 얼굴'을 설계하는 시대다. 과거에는 셀럽의 외모나 유명인의 메이크업을 따라 하려는 경향이 중심이었다면, 지금은 다르다. 이제는 틱톡이나 인스타그램의 뷰티 필터를 통해 사용자 스스로가 자기가 추구하는 미의 기준대로 얼굴을 실험하고 디자인한다.

뷰티 필터는 단순한 변형이 아니라, 자기 정체성과 이미지 전략을 구현하는 도구가 됐다. 소비자는 자신이 설계한 이상적 이미지를 실현해 줄 제품과 브랜드를 능동적으로 탐색하며, 그 과정에서 '기능'보다 '비주얼'과 '감정'에 호소하는 브랜드를 찾는다. 그리고 브랜드는 사용자가 설계한 그 '이상적인 나'를 실현해 줄 제품을 제공한다. 다시 말하면 소비자가 단순히 제품의 기능을 소비하는 것이 아닌, 이미지와 감정을 소비하는 시대로 접어들었음을 의미한다.

여기서 AI는 단순한 기술이 아니라 '감성적 창작자'의 역할을 수행한다. 사용자가 필터를 통해 선택한 얼굴형, 눈매, 립 컬러는 단순히 재미를 위한 장치가 아니라 '내가 되고 싶은 나'에 대한 설계도이며, AI는 사용자의 설계도를 해석해 그 이미지를 현실로 옮기는 과정을 돕는다. AI는 피부의 수분 양이나 탄력 수치를 분석하는 기계에서, 소비자의 심리 상태와 미적 욕망을 해석하는 존재로 진화하고 있는 것이다.

'정확성'의 기준도 달라졌다. 결괏값이 현재의 내 모습을 얼마나 정밀하게 재현하는지가 아니라, '내가 원하는 모습'에 얼마나 근접한가가 기준이 된다. 내가 설계한 미의 기준대로 얼마나 자연스럽게 나를 아름답게 보정하는 필터인지가 새로운 정확성의 기준이다. 피부가 건조하다는 사실 자체를 알려 주는 것이 아니라, '왜 지금 건조하다고 느끼는지'를 파악하고, '어떤 모습이 되고 싶은지'를 읽어 내는 것이 정확한 AI의 새로운 기준이다.

이처럼 뷰티 AI의 흐름은 개인화 → 감정화 → 맥락화의 방향으로 진화하고 있으며, AI는 소비자의 미적 가치관, 심리 상태, 사용 맥락을 읽어 내고 반응하는 존재로 발전하고 있다. 결국 AI는 더 이상 피부를 분석하는 기술자가 아니라, 감정을 설계하고 '이상적인 나'를 디지털 환경에서 구현하는 창작자다.

AI, 욕망을 해석하다

아름다워지고자 하는 욕망은 인류의 가장 본질적인 본능 중 하나며, 뷰티 산업은 바로 그 욕망에 응답하는 감성의 무대다. AI의 시대에 브랜드는 더 이상 제품만을 팔지 않으며, 소셜미디어와 AI를 활용해 고객의 감각과 욕망을 설계하고 시각적으로 구현하는 전략을 채택하고 있다.

그러나 다른 산업들과 비교해 보면, 뷰티 산업에서의 AI 활용은 아직 초기 단계에 머물러 있다. 많은 산업이 AI를 기반으로 정확성과 생산성을 발전시켜 왔지만, 뷰티 산업의 중심에는 정량화되지 않는 감각적인 기준들이 있기 때문에, 데이터화와 알고리즘화의 어려움이 그 원인이라고 할 수 있다.

하지만 그렇기 때문에 기회는 더 크다. 감각과 취향의 데이터화와 알고리즘화가 어렵기 때문에 이를 해석할 수 있는 AI가 등장하는 순간, 뷰티 산업의 게임 체인저가 될 가능성이 크다. 이 전환점에서 누가 먼저 이 데이터를 선점하고, 감정을 읽는 알고리즘을 구현하느냐에 따라 향후 뷰티 산업의 주도권이 결정될 것이다.

비주얼 중심 소비, AI는 감각적 스토리텔러

오늘날 소비자는 제품의 기능보다 '비주얼'에 반응한다. 소비는 틱톡의 영상, 인스타그램의 필터 속 한 장면에서 출발한다. 영상, 쇼트폼 튜토리얼은 더 이상 부가적인 마케팅 정보가 아니라, 소비자 구매 의사 결정의 전면에 있다. 소셜미디어 콘텐츠로 구현된 비주얼이 소비의 욕망을 자극하고, 브랜드는 그 감성을 어떻게 실현할 수 있을지 고민한다. 이에 따라 브랜드는 제품이 아닌 '비주얼'과 '감성'을 판매한다.

이러한 변화 속에서 AI는 감각적 소비를 설계하는 도구로 진화하고 있다. AI 필터로 아름답게 보정한 사진은 사용자의 이미지 전략과 연결되며, 콘텐츠화된 결과는 브랜드 스토리텔링의 일부가 된다. AI는 단순한 추천 엔진을 넘어 감각 기반의 구매 여정을 설계하는 감성 알고리즘으로 발전하고 있으며, 소비자의 미적 취향과 정서를 감지해 공감대가 있는 브랜드와 감정적 연결을 만들어 낸다. 이러한 감정적 연결은 브랜드 충성도를 높이고, 지속적인 재구매로 이어지게 된다.

AI, 뷰티 산업을 관통하다

뷰티 산업은 지금 데이터와 감성, 디자인과 기술이 교차

하는 중대한 전환점 위에 있다. 이미지 분석에서 시작된 뷰티 AI 기술은 감성 기반 소비 트렌드를 반영하면서 대화형 시뮬레이션, 그리고 로보틱스까지 다양한 분야와 접목하고 있으며, 제조업, 서비스업, 신산업에 이르기까지 뷰티 밸류체인의 전 영역을 변화시키고 있다.

업종마다 AI가 제시하는 가치는 각각 다르다. 제조업에서는 AI가 화장품 포뮬러 설계를 최적화하고, 제품 개발 시간을 단축해 기획과 개발의 생산성을 개선하는 데 기여하고 있다. 신산업에서 AI는 뷰티 필터와 콘텐츠 생성 도구의 형태로 '보이고 싶은 나'를 설계하는 도구와 마케팅 수단으로 발전하고 있다. 서비스업에서는 AI 진단을 통한 맞춤형 케어와 시술 추천, 로보틱스 결합을 통한 프리미엄 서비스의 형태로 발전하고 있다. 이처럼 AI는 뷰티 산업 전반을 관통하며 미래의 발전 방향에 지대한 영향을 미치고 있다.

K-뷰티, AI로 다시 쓰다

K-뷰티는 이제 트렌드를 넘어 글로벌 뷰티 산업의 핵심 축이 됐다. 2024년 한국의 화장품 수출은 사상 처음으로 102억 달러를 돌파하며 전년 대비 20.6% 증가했다. 이는 프랑스를 제치고 미국 화장품 수입 시장에서 1위를

차지한 성과로, K-뷰티의 글로벌 영향력을 입증한다.

최근 K-뷰티는 K-팝, 메디컬 에스테틱(Medical Esthetics), 패션, 관광 등의 연관 산업과 융합되며 하나의 문화 생태계를 형성하고 있다. K-뷰티의 진정한 경쟁력은 감성, 기술, 문화의 유기적 융합에 있다. AI는 이러한 융합을 가능하게 하는 핵심 인프라이며, 앞으로도 글로벌 뷰티 산업에서 K-뷰티가 지속적으로 주도권을 쥐기 위한 핵심 동력이 될 것이다.

이 책의 구성

이 책은 AI와 뷰티 산업의 융합이 만들어 내는 변화의 양상을 '제조업의 혁신', '신산업의 창출', '서비스의 진화'라는 세 개의 흐름으로 나눠 살펴본다. AI는 생산성과 효율을 극대화하는 기술적 수단을 넘어, 새로운 시장을 창출하고, 소비자의 감정과 맞닿은 서비스를 재설계하면서 뷰티 산업 전체의 구조를 재편하고 있다.

전체 10개 장은 이러한 세 가지 축을 따라 구성되며, AI가 뷰티 산업에 어떻게 침투하고 있는지를 단계적으로 추적한다.

먼저 1장은 뷰티테크의 개념과 글로벌 동향을 조망하며, 뷰티테크 산업 전반에서 AI가 어떤 변화를 이끌고 있는지를 총괄적으로 분석한다.

이어지는 2장부터 4장까지는 생산, 유통, 마케팅 등 제조업 기반의 뷰티 산업에서의 AI 적용을 다룬다. 여기서는 스마트 제조 기술, 시뮬레이션 기반 유통 혁신, 초개인화 AI 마케팅의 흐름을 설명한다.

5장에서 7장까지는 AI가 새롭게 창출한 디지털 뷰티 산업, 즉 뷰티 필터, 인플루언서, 버추얼 휴먼을 중심으로 신산업의 사례를 탐구한다.

8장부터 10장은 서비스와 케어 산업으로 분류되는 메디컬 에스테틱, 뷰티 살롱, 홈케어 분야에서 AI가 어떻게 실제 고객과의 접점에 투입되고 있는지를 다룬다.

이 책은 기술 중심의 뷰티 산업 분석을 넘어, 감각과 욕망이라는 인간 본연의 본능에 AI가 어떻게 다가서고 있는지를 조망하고 있다. 이 책을 통해 독자들은 AI가 아름다움을 어떻게 재정의하고 있으며, 그것이 뷰티 산업의 패러다임을 어떻게 전환하고 있는지를 총체적으로 이해할 수 있을 것이다. 나아가 다가오는 AI 뷰티 시대를 선도할 혁신적인 브랜드와 기업을 창출하는 데 필요한 실질적인 통찰과 전략적 감각을 얻을 수 있기를 기대한다.

참고문헌

Global Cosmetic News(2025.1.7). K-Beauty Milestone: Korean Cosmetics Exports Surpass US$10 Billion. https://www.globalcosmeticsnews.com/k-beauty-milestone-korean-cosmetics-exports-surpass-us10-billion/

McKinsey & Company(2025.1.6). How beauty players can scale gen AI in 2025. https://www.mckinsey.com/industries/consumer-packaged-goods/our-insights/how-beauty-players-can-scale-gen-ai-in-2025

01
AI와 뷰티테크

아름다움은 이제 인간의 손끝을 떠나, 알고리즘 위에서 다시 쓰이고 있다. AI는 뷰티 산업의 보조 도구가 아니라 구조를 재편하는 핵심 엔진으로 부상하고 있다. 소비자가 스스로 설계한 미적 기준과 욕망이 AI를 통해 데이터화되고, 브랜드는 이를 바탕으로 소비자가 그리는 이상적 자아를 구현하는 솔루션을 제공한다. 본 장에서는 뷰티테크(Beauty Tech)의 개념과 글로벌 시장의 성장 동향을 살펴보고, AI가 뷰티 산업 전반에서 만들어 내는 혁신적 가능성을 총체적으로 조망한다.

AI와 1인 창업?

글로벌 뷰티테크 동향

뷰티테크의 개념과 글로벌 시장 동향

뷰티테크(Beauty Tech)는 AI, 바이오, 증강현실 등의 기술과 뷰티의 융합으로 만들어지는 제품과 서비스다. 최근 자신만을 위한 제품과 서비스를 요구하는 소비자의 초개인화(Hyper-personalization) 니즈가 확산되면서, 홈케어 디바이스, 가상 체험 솔루션으로 대표되는 뷰티테크 시장에 대한 관심이 높아지고 있으며 시장 규모 또한 지속적으로 성장하고 있다. 그 성장의 중심에 있는 AI 기술은 생산, 유통, 마케팅, 서비스 등 뷰티 산업을 구성하는 모든 가치사슬로 도입이 확산되고 있다.

뷰티테크 시장의 성장성은 폭발적이다. 글로벌 뷰티테크 시장은 연평균 18.78%의 높은 성장이 예상되며, 2028년에는 시장 규모가 약 125억 9900만 달러에 이를 것으로 전망되고 있다. 또한 국내 뷰티테크 시장은 연평균 23.70% 성장으로, 2028년에는 그 시장 규모가 4647억 원에 이를 것으로 전망된다.

생산/유통/마케팅: AI가 혁신하는 3대 가치사슬

뷰티 산업의 가치사슬(Value Chain) 전반에 걸쳐 AI는 다음과 같은 혁신을 이끌고 있다.

첫 번째 혁신으로는 제품의 생산 방식 혁신으로, 화장품 ODM(Original Design Manufacturer, 주문자 개발 생산) 기업의 맞춤형 생산 과정의 AI 도입을 대표적인 예시로 들 수 있다. 한국의 대형 화장품 ODM 기업인 코스맥스(Cosmax)는 2024년 '스마트 조색 AI 시스템'을 개발해 메이크업 제품 개발 및 생산 과정에 AI 시스템을 본격적으로 도입했다. 코스맥스는 AI 기술을 통해 메이크업 화장품 샘플 제조부터 색상의 확인 과정까지 연구원 개인의 숙련도에 의존하던 기존의 생산 방식을 혁신적으로 개선하는 데이터 기반 생산 프로세스를 구축할 수 있게 됐다. 코스맥스는 2024년 AI 스타트업 '아트랩'을 인수하며, '최소 주문 수량(MOQ) 1개' 시대 개막과 '맞춤형 화장품 고도화'라는 비전을 설정하고, 화장품 생산 효율성의 극대화를 위한 투자를 본격화한다는 방침을 공개하기도 했다.

두 번째 혁신으로는 AI 기술로 만들어 내는 유통(Distribution) 방식의 혁신이다. 미국의 증강현실 뷰티테크 기업인 '퍼펙트 코퍼레이션(Perfect Corp)'은 가상 메이크업(Virtual Makeup) 체험 서비스를 통해 '클리니크(Clinique)' 브랜드의 온라인몰 구매 전환율을 2.5배

이상 향상한 사례를 만들어 냈다. 소비자는 이 솔루션을 통해 온라인 몰에서도 자신의 얼굴 사진을 기반으로 다양한 메이크업 제품을 테스트해 볼 수 있으며, AI를 통해 최적의 제품을 추천받아 구매할 수 있다.

오프라인 매장에서도 AI 시뮬레이션을 활용한 화장품 유통 혁신 사례가 나오고 있다. 한국의 최대 뷰티 리테일인 CJ올리브영(CJ Oliveyoung)은 체험형 디바이스를 통해 고객의 상태를 분석해 최적화된 제품을 추천하는 서비스를 운영하고 있다. 올리브영은 2025년 전국 중대형 매장 100여 곳에 체험형 뷰티케어 서비스를 단계적으로 구축해 전국 각지에 K뷰티 체험 거점을 조성할 계획이다. 국내 최대 편의점 브랜드인 GS25는 뷰티 플랫폼으로 도약하기 위해 2025년 편의점 업계 최초로 AI 퍼스널 컬러 진단기기를 도입하며 매장 내 디지털 체험기기 도입을 통한 뷰티 플랫폼 혁신을 시도하고 있다.

세 번째 AI 혁신으로는 마케팅 방식의 혁신으로, AI와 소셜미디어를 활용한 초개인화 마케팅이 대표적이다. 틱톡(TikTok)과 인스타그램(Instagram)과 같은 소셜미디어 플랫폼은 AI 추천 엔진을 활용해 사용자의 취향에 맞는 뷰티 콘텐츠를 자동으로 추천하는 등 마케팅 효율을 극대화하고 있다. 브랜드들은 이를 통해 소비자 맞춤형 광고를 집행하고 개인별 선호도를 반영한 초개인화 마케팅 전략을 전개해, 소비자와 심층적 연결을 이어 가고 있다.

뷰티 기업의 AI 혁신 사례

로레알: AI 기반 개인 맞춤형 뷰티 솔루션

로레알(L'Oreal)은 개인 맞춤형 뷰티 솔루션을 제공하기 위한 AI 기술 연구를 활발하게 진행하고 있다. '스킨 지니어스(Skin Genius)'는 약 1만 개의 피부 이미지를 학습한 AI 알고리즘을 기반으로 사용자의 셀피를 분석해 피부 상태를 진단한다. 95% 이상의 분석 정확도를 제공하는 이 제품으로 소비자는 피부 타입에 맞는 제품을 온라인에서 추천받을 수 있다.

또한 로레알은 '페르소(Perso)'라는 휴대형 디바이스를 통해 개인 맞춤형 스킨케어 제품을 즉시 제조하는 기술도 구현했다. 이 디바이스는 사용자로부터 수집한 피부 상태, 그리고 날씨, 공기 질 등의 환경 데이터를 분석해 화장품 조합을 실시간으로 생성, 초개인화 스킨케어를 가능하게 하는 혁신적인 플랫폼으로 평가받고 있다.

LVMH: AI 팩토리를 통한 고객 경험 향상과 공급망 최적화

LVMH는 파리와 상하이에 걸쳐 'AI 팩토리(AI Factory)'를 구축해, AI 기술 기반의 브랜드 혁신을 도모하고 있다. 이 팩토리에서는 고객 행동 데이터 분석으로 제품 추천을 개인화하고, 실시간 수요 예측을 통해 생산 및 물류 효율을 개선하는 프로젝트를 진행 중이다. 특히 고객 여정을 디지털로 분석해 VIP 고객 대상 맞춤형 경험을 제공하는 데 중점을 두고 있다.

다이슨: AI 기반 헤어 스타일링 디바이스

다이슨(Dyson)은 AI 기술을 접목한 프리미엄 헤어 스타일링 디바이스 '에어랩 아이디(Airwrap i.d.)'를 출시했다. 이 디바이스는 사용자별 모발 특성, 습도, 스타일링 목표 등을 분석해, 열과 바람의 강도를 자동 조절하는 기능을 탑재하고 있다. 개인 맞춤형 스타일링 가이드를 제공하며, 머리카락 손상을 최소화하면서도 다양한 스타일까지 구현할 수 있다. 다이슨의 에어랩아이디는 AI 기술을 활용해 뷰티 디바이스의 자동화와 데이터 기반 최적화를 동시에 제공하며, 프리미엄 뷰티테크 시장에서의 차별화된 경쟁력을 강화하고 있다.

AI 뷰티 스타트업의 부상

프로븐 스킨케어(Proven skincare)는 스탠퍼드 출신의 창업자들이 설립한 AI 기반 스킨케어 브랜드로, 개인의 피부 유형, 생활 습관, 환경 요인 등 47가지 이상의 요소를 분석해 맞춤형 제품을 제공하고 있다. 이 회사는 세계 최대 규모의 뷰티 데이터베이스인 '스킨 게놈 프로젝트(Skin Genome Project)'를 기반으로 소비자 개인의 스킨케어 고민을 학습해 개인화된 스킨케어 제품의 만족도를 혁신적으로 높이고 있다.

트위닛(Twinit)은 카이스트(KAIST) 출신 창업자들이 설립한 디지털 휴먼 기반 뷰티테크 기업으로, 다인종 선호미학벡터(PBV, Preferred Beauty Vector) 분석 기술을 통해 문화권별 미적 취향을 정밀하게 반영하는 옴니채널 뷰티 AI 시스템을 공급하고 있다. 트위닛은 피부톤, 볼륨, 형상과 150여 개 색소 랜드마크를 정밀 진단하는 기술과 PBV 분석 알고리즘을 결합한 매장용 AI 미용 진단 디바이스를 통해 소비자가 설계한 이상적인 미적 기준을 실현할 수 있는 아이템을 추천하는 기술을 CJ올리브영, GS리테일 등 주요 유통 채널에 공급하며 AI 기반 뷰티테크 혁신을 주도하고 있다.

참고문헌

미래산업연구소(KIPS)(2024). "뷰티테크(Beauty Tech) 시장동향 및 기술동향 보고서".

코스맥스(2024.5.22). "코스맥스, 'AI 메이크업 개발' 시대 연다 … '스마트 조색 AI 시스템' 구축".
https://cosmax.com/new/news/contents_press.asp?nIdx=304

트위닛. https://www.twinit.ai/face-tech

CJ 올리브영(2024.4.25.). "CJ 올리브영, 전국 매장에 '체험형 뷰티 서비스'확산한다" https://corp.oliveyoung.com/ko/news/56

Dyson. Dyson Airwrap.
https://www.dyson.com/hair-care/hair-stylers/airwrap

L'Oreal. "AI 기술로 맞춤형 뷰티를 선사하는 '페르소'".
https://www.loreal.com/ko-kr/korea/pages/group/beauty-tech-case/perso/

L'Oreal. SKIN GENIUS - SKIN ANALYSIS.
https://www.lorealparisusa.com/skin-genius-landing-page

Proven Skincare.
https://www.provenskincare.com/clinical-proof/

Vogue Business(2024.7.9). Inside LVMH's AI Factory.
https://www.voguebusiness.com/story/technology/inside-lvmhs-ai-factory

02
스마트 생산 기술과 뷰티 제조 혁신

AI는 화장품 산업의 제조 전반에 정밀성과 지속 가능성을 더하며, 스마트 조색 및 제형 설계, 생산 자동화, 품질 관리, ESG 경영의 혁신을 이끌고 있다. 화장품 제조 과정에서 적용되고 있는 생산 기술과 국내외 주요 기업들의 활용 사례를 통해 AI 기반 스마트 제조 시스템과 지속 가능한 생산 전략이 어떻게 뷰티 산업의 미래 경쟁력 확보에 기여하고 있는지를 논한다.

AI와 MBTI?

스마트 조색 및 제형 개발

스마트 조색 기술의 개요와 AI 접목 포인트

화장품 산업에서 조색(Color Matching) 기술은 메이크업 제품의 품질과 소비자 만족도를 결정하는 중요한 요소다. 전통적인 조색 방식은 숙련된 기술자의 경험에 의존하며, 색상의 일관성을 유지하기 위해 반복적인 실험과 시간이 요구된다. 이 과정은 많은 원재료 낭비와 인적 오류 가능성을 동반하며, 제품 개발 속도를 제한하는 요인이 된다.

AI 기반 조색 시스템은 이미지 인식과 스펙트럼 데이터를 분석해 색상을 정량화하고, 원하는 색상에 가장 근접한 제형을 자동으로 제안해 이러한 한계를 극복할 가능성을 제시하고 있다. 이 시스템은 딥러닝을 통해 기존 색상 조합의 데이터를 학습, 최적의 조색 조합을 자동 도출해, 제품 개발 기간의 단축과 색상 품질의 일관성 확보를 가능하게 한다.

최근에는 다양한 성분의 상호 작용을 시뮬레이션해 안정적이고 효과적인 제형을 설계하는 데에도 AI가 활용되고 있으며, 이는 제품의 안전성과 효능 향상에 기여하고 있다.

코스맥스의 스마트 조색 AI 시스템

화장품 ODM(Original Design Manufacturer, 주문자 개발 생산) 기업인 코스맥스(COSMAX)는 2024년 '스마트 조색 AI 시스템'을 개발해 메이크업 제품 개발 및 생산 과정에 AI 시스템을 본격적으로 도입했다. 이 시스템은 눈으로 인지할 수 있는 색상 값을 디지털 데이터로 변환해, 화장품 제조 연구원이 원하는 색상을 생산 과정에서 신속하고 정확하게 구현할 수 있도록 지원한다. 코스맥스는 이 스마트 조색 AI 시스템을 통해 샘플 제조부터 색상 확인 과정까지 연구원 개인의 숙련도에 의존하던 기존 생산 방식의 한계를 혁신적으로 개선하는 데이터 기반 생산 프로세스를 구축했다.

앨버트인벤트의 화장품 제형 설계 자동화

미국 캘리포니아의 화학 및 소재 분야 AI 기업인 앨버트인벤트(Albert Invent)는 1500만 개 이상의 분자 구조 데이터를 기반으로 학습한 AI 플랫폼을 통해 화장품 제형 설계를 자동화해 제품 개발 주기를 혁신적으로 단축하는 솔루션을 제공하고 있다.

최근 앨버트인벤트는 네덜란드에 본사를 둔 화학 기업 노리온(Nouryon)과 협력해 '뷰티크리에이션(Beauty-

Creations)'이라는 AI 기반의 퍼스널케어 포뮬레이션 개발 플랫폼을 출범시켰다. 이 플랫폼은 화장품 연구원들이 노리온의 스킨케어 포뮬레이션 데이터베이스를 자연어로 검색해, 원하는 제품 특성과 마케팅 요구에 맞는 포뮬레이션을 빠르게 찾을 수 있도록 지원한다. 또한 안전하고 효과적인 성분 조합을 예측해 신제품 개발 주기의 단축과 품질을 향상하고 있다.

생산 자동화와 스마트 팩토리

생산 자동화 기술의 개요와 AI 접목 포인트

스마트 팩토리는 센서, 로봇, IoT(사물인터넷), 클라우드 시스템 등을 기반으로 생산 현장의 모든 과정을 디지털화하고, 실시간으로 데이터를 수집해 효율을 극대화하는 제조 방식이다. 이러한 기술은 생산 효율을 향상하고 에너지 소비를 절감하며, 품질 관리를 강화하는 데 기여하고 있다.

특히 화장품 산업에서는 원재료 계량, 혼합, 충진, 포장 등 반복적 공정이 많은데, AI 기술을 활용한 자동화 기술을 도입하는 경우 인건비 절감과 생산성 향상, 품질 균일화 등의 효과를 기대할 수 있다. 가령 AI는 생산 설비의 고장을 사전에 탐지하고 유지보수 시기를 예측해 공정 중단을 최소화할 수 있다. 또한 수요 예측 기반의 자동 생산 계획 수립, 실시간 생산 최적화, 라인별 생산 속도 조정 등을 통해 화장품 생산의 정밀성과 효율성을 극대화할 수 있다.

한국콜마의 스마트 팩토리

화장품 ODM 기업 한국콜마는 세종시에 AI 기반 스마트 생산 기지의 설립으로 본격적인 스마트 팩토리 시대를 열었다. 생산성의 극대화를 목적으로 설계된 한국콜마의 신규 공장은 원료 계량부터 포장까지 모든 공정이 디지털화돼 있다. 또한 AI 기술의 접목으로 공정별 데이터를 실시간 분석해 불량률이 가장 낮은 최적의 공정을 찾아내고, 이를 품목별로 표준화해 빠르게 적용, 생산 속도와 품질을 동시에 향상하고 있다. 또한 재고의 위치와 불량 상태를 실시간 모니터링하고 생산 현장과 연동해 관리할 수 있는 창고 관리 시스템(WMS, Warehouse Management System)을 도입해, 작업자가 스마트폰을 통해 재고를 실시간 관리할 수 있도록 했다.

AI 기반 품질관리 및 결함 감지

품질관리 기술과 AI의 접목

화장품 생산에서 품질관리(Quality Control)는 제품의 안전성과 일관성을 확보하는 핵심 단계다. 전통적으로는 육안 검사, 샘플링 테스트, 실험실 분석 등을 통해 품질을 확인했으나, 이러한 방식은 시간과 비용이 많이 소요되고 사람의 판단에 의존하는 경우가 많아 오류 가능성이 존재한다.

AI 기반 품질관리는 고해상도 영상 데이터 분석 시스템을 활용해 공정 중 실시간으로 제품 상태를 감지할 뿐만 아니라, 제품 표면의 미세한 결함을 자동으로 감지하고 분류해 결함 여부를 자동으로 판별하는 방식이다. AI 기반 품질관리 시스템은 사람의 눈으로 인지하기 어려운 미세한 이상도 탐지할 수 있으며, 불량률 통계와 패턴을 분석해 결함 발생 원인을 사전에 예측하고, 불량품을 조기에 탐지해 문제 발생 시 즉각적인 대응이 가능하다. 이러한 기술은 검사 정확도 및 생산 효율성을 동시에 향상하는 데 기여한다.

마네바의 AI 기반 결함 감지 솔루션

캐나다 온타리오주의 AI 기반 제조 자동화 솔루션 기업인 마네바(Maneva)는 화장품 제조 공정에 특화된 AI 솔루션을 제공해 품질관리 효율성을 높이고 있다.

마네바는 컴퓨터 비전 기술을 적용해 포장 결함, 라벨 오정렬, 제품 불균일성 등을 실시간으로 탐지하고 있다. 특히 크림, 로션, 메이크업 아이템에서 발생하는 색상 변화, 질감 불균형, 오염 등을 식별해 제품의 품질 일관성을 확보하고 불필요한 폐기 및 재작업을 줄이고 있다. 마네바의 AI 솔루션은 성분 간의 상호작용을 분석하고 안정성과 성능을 고려한 최적의 제형을 개발할 수 있도록 지원해, 최적의 품질 관리와 함께 제품 개발의 효율성을 동시에 높이고 있다.

지속 가능한 생산과 ESG 경영

화장품 산업의 ESG와 AI

화장품 산업에서 ESG(Environmental, Social, Governance) 경영은 단순한 선택이 아닌 필수 전략으로 자리잡고 있다. 특히 지속 가능한 원료 사용, 에너지 효율성 향상, 폐기물 감소 등 환경적 측면의 어젠다에서 그 중요성이 부각되고 있는데, AI는 ESG 목표 달성을 위한 핵심 도구로 부상하고 있다.

AI는 제품 개발 초기 단계에서부터 지속 가능성을 고려한 의사 결정을 가능하게 한다. AI는 화학 물질 데이터의 분석을 바탕으로 친환경 원료를 식별하고 그 조합을 예측해 제품 개발에 활용될 수 있도록 한다. 또 원료의 조합을 예측하거나, 생산 공정의 데이터를 분석해 에너지와 원자재 사용을 최적화하고, 불필요한 폐기물을 줄이는 방안을 제시할 수 있다. 이에 더해, AI는 공급망 전반에 걸쳐 ESG 리스크를 식별하고 관리하는 데에도 활용될 수 있다.

이처럼 AI 기술은 친환경 원료 개발, 에너지 효율화, 폐기물 감소 등 다양한 측면에서 화장품 산업의 ESG 경영을 실현하는 데 기여하고 있다. 이러한 흐름은 단순한 비용 절감을 넘어 뷰티 기업의 브랜드 가치 강화와 글로벌 시장 경쟁력 확보의 핵심 전략으로 자리 잡을 것으로 예상된다.

로레알과 IBM의 포뮬레이션 파운데이션 모델 개발

글로벌 뷰티 기업 로레알(L'Oreal)은 IBM과 협력해 AI 기반의 '포뮬레이션 파운데이션 모델'을 개발하며, 제형 설계 기술을 지속 가능한 방향으로 전환하고 있다. 이 모델에는 화장품 조성 데이터를 분석, 지속 가능한 친환경 원료를 탐색하고 제형의 생분해성을 평가하는 기능이 도입돼, 환경 영향을 최소화하는 제품 개발을 지원한다. 로레알은 이 기술을 통해 2030년까지 제품 포뮬러의 대부분을 바이오 기반 원료로 전환하고, 순환 경제 원칙을 적용하는 것을 목표로 하고 있다.

유니레버의 공급망 최적화: 폴란드 공장의 AI 혁신

바셀린(Vaseline)으로 유명한 영국 기업 유니레버(Unilever)는 지속 가능한 제조와 공급망 운영을 위한 전략의 일환으로, AI 기술을 적극 도입하고 있다. 특히 폴란드 포즈난(Poznań)에 위치한 제품 생산 공장은 유니레버의 대표적인 AI 기반 공급망 혁신 사례로 주목받고 있다.

유니레버는 'CIP(Clean-in-Place)'라고 불리는 자동 세척 시스템의 최적화를 위해 AI 시스템을 도입했다. 기존에는 세척 과정에서 정확한 오염 수준 측정이 어려워, 과도한 물과 에너지를 사용하는 경우가 많았다. 이러한 문제를 해결하기 위해 유니레버는 세척 주기와 세척액 사용량을 실시간으로 조정할 수 있는 AI 알고리즘을 적용해 공정 데이터를 기반으로 오염도 수준을 예측하고, 필요한 세척만 수행함으로써 과세척을 방지하도록 했다. 그 결과 세척 시간을 평균 20% 단축하고, 에너지 사용량은 10% 이상 절감했으며, 연간 약 10만 유로의 운영 비용 절감 효과를 거뒀다. 이 사례는 생산 과정에서 AI 기술을 접목한 것으로 환경적 지속 가능성과 운영 효율성을 동시에 달성할 수 있음을 보여 주는 대표적인 예라고 할 수 있다.

참고문헌

코스맥스(2024.5.22). "코스맥스, 'AI 메이크업 개발' 시대 연다 … '스마트 조색 AI 시스템' 구축".
https://cosmax.com/new/news/contents_press.asp?nIdx=304&

한국콜마(2023.1.25). "한국콜마, 글로벌 시장 공략 위한 AI 생산기지 신설".
https://www.kolmar.co.kr/ir/report_buisness2.php?idx=6796&ptype=view&

Business Insider(2025.5.29). A chemistry company is harnessing AI to develop new beauty products and stay on top of trend cycles.
https://www.businessinsider.com/how-beauty-product-chemists-are-using-ai-to-test-ideas-2025-5

IBM Newsroom(2025.1.16). IBM and L'Oreal to Build First AI Model to Advance the Creation of Sustainable Cosmetics".

https://newsroom.ibm.com/2025-01-16-ibm-and-loreal-to-build-first-ai-model-to-advance-the-creation-of-sustainable-cosmetics

Maneva. How Maneva AI Transforms Cosmetic Production. https://www.maneva.ai/industries/cosmetics

Unilever(2025.5.15). Unilever's 100+ Accelerator partnership unlocks AI innovation across supply chain. https://www.unilever.com/news/news-search/2025/unilevers-100-accelerator-partnership-unlocks-ai-innovation-across-supply-chain/

03
뷰티 리테일과 AI

AI는 뷰티 유통의 전 과정에서 소비자 맞춤형 경험과 운영 효율화를 동시에 실현하며, 온라인몰의 초개인화 추천부터 오프라인 매장의 진단 기반 큐레이션, 스마트 물류 전략, ESG 경영까지 혁신을 주도하고 있다. AI 기반 개인화 추천 기술, 수요 예측을 통한 공급망 최적화의 사례를 중심으로 뷰티 리테일 산업의 변화상을 조망한다.

AI와 난임 극복?

온라인몰에서의 AI 추천 시스템

온라인몰에서 뷰티 아이템을 구매하는 소비자들은 방대한 제품의 종류와 소비자 개인의 피부 특성, 취향의 다양성으로 인해 선택의 어려움을 자주 경험한다. AI는 개인 맞춤형 추천 시스템의 형태로 이러한 소비자의 문제를 해결하는 데 핵심 역할을 하고 있다. AI는 고객의 구매 이력, 제품 리뷰, 검색 기록, 피부 데이터 등의 정량적 정보뿐 아니라, 온라인 행동 패턴과 감정까지 포괄적으로 분석해 온라인몰에서의 초개인화된 추천을 제공할 수 있다.

퍼펙트 코퍼레이션의 AI 뷰티 솔루션

증강현실 뷰티테크 기업인 퍼펙트 코퍼레이션(Perfect Corp)은 가상 메이크업(Virtual Makeup) 기술을 기반으로 사용자의 피부 톤, 얼굴형, 취향 데이터를 분석하고 최적의 제품 조합을 추천하는 B2B(기업 간 거래) 솔루션을 공급하고 있다. 이 솔루션은 브랜드 웹사이트에 통합돼 소비자가 실시간으로 메이크업 제품을 가상으로 체험하고 추천받을 수 있도록 한다.

랑콤의 '르 탱 파티큘레'

로레알 그룹의 브랜드 랑콤(Lancome)은 '르 탱 파티큘레(Le Teint Particulier)' 프로그램을 통해, 고객의 피부색을 AI로 분석하고 7만2천 가지 조합 중 최적의 파운데이션 색상을 제조해 제공하는 초개인화 서비스를 운영하고 있다. 랑콤의 이 프로그램은 AI 기반 색조 조색 알고리즘과 자동화된 제조 시스템을 결합해, 고객 맞춤형 파운데이션을 실시간으로 제작한다. 이 같은 기술은 고급화된 사용자 경험을 제공하고 소비자의 브랜드 충성도를 높이는 데 기여하고 있다.

타르트 코스메틱스의 가상 메이크업

미국의 '타르트 코스메틱스(Tarte Cosmetics)'는 가상 메이크업 시험 체험 도구를 자사 온라인몰에 탑재한 이후 매출이 200% 증가하는 효과를 봤다. 이 도구는 AI 얼굴 인식 기술을 활용해 사용자의 얼굴에 실시간으로 립스틱, 아이섀도 등을 시뮬레이션하며, 사용자가 가장 선호하는 룩을 선택할 수 있도록 도와준다. 또한 AI는 소비자의 시선 추적 경로와 선택 경향을 분석해 인기 제품을 동적으로 추천하며, 실시간 피드백을 통해 개인 맞춤형 루틴을 제안하는 기능도 제공하고 있다.

이처럼 온라인몰의 AI 추천 시스템은 제품 탐색 효율을 높이는 것을 넘어, 소비자와 브랜드 간의 신뢰를 구축하고 구매 만족도를 극대화하는 핵심 기술로 자리 잡고 있다.

오프라인 매장의 AI 피부 진단 서비스

오프라인 매장에서도 AI 기술을 활용한 소비자 맞춤형 뷰티 경험 제공이 확산되고 있다. 매장용 AI 미용 진단기기는 매출 향상에 기여할 뿐만 아니라, AI 기반 추천 결과를 구매 이력과 연계해 뷰티 아이템의 큐레이션 최적화와 리텐션 강화에도 활용될 수 있다.

CJ올리브영의 체험형 서비스

CJ올리브영(CJ Oliveyoung)은 체험형 디바이스와 AI 피부 스캐너를 통해 고객의 피부 수분, 유분, 탄력, 모공 상태 등을 분석해 최적화된 제품을 추천하는 서비스를 운영하며 호실적을 이어 가고 있다. 2024년 11월 오픈한 혁신 매장 1호점인 '올리브영N성수'는 체험형 뷰티 서비스를 통해 개장 4개월 만에 방문객 100만 명을 돌파하는 기염을 토했다. 매장 내 설치된 AI 진단기기는 고객의 피부 상태를 분석해 맞춤형 스킨케어 및 색조 아이템을 추천하고, 바로 구매로까지 이어지게 설계돼 있다.

GS25의 AI 퍼스널컬러 진단기기 도입

GS리테일이 운영하는 편의점 브랜드 GS25는 업계 최초로 뷰티테크 브랜드 '트위닛(Twinit)'의 AI 퍼스널컬러 진단기기를 매장에 도입하며 리테일의 경계를 확장하는 혁신적인 뷰티 경험을 선보이고 있다. 사용자는 GS25 매장에서 피부의 깊이, 언더 톤, 채도 등의 메이크업 정보를 제공하는 AI 퍼스널컬러를 진단받을 수 있고, 이를 바탕으로 개인 피부톤의 고유 특성과 어울리는 GS25 전용 메이크업 아이템을 추천받아 즉시 구매할 수 있다. 이러한 GS25의 시도는 AI 기반 인프라를 활용한 뷰티 서비스를 리테일 공간에 접목한 선도적인 혁신 사례로, 차별화된 고객 경험을 창출하는 전략적 전환점으로 평가받고 있다.

세포라의 컬러아이큐

세포라(Sephora)는 '컬러아이큐(Color IQ)'라는 AI 기반 피부 톤 분석 시스템을 통해 소비자에게 최적의 파운데이션 색상을 추천하고 있다. 이 시스템은 수천 개의 피부 톤 데이터를 기반으로 개발됐으며, 오프라인 매장에서의 체험 경험을 크게 향상하고 있다. 컬러아이큐의 AI 기술은 다양한 피부톤에 맞는 제품을 보다 정확하게 매칭할 수 있도록 도와주며, 특히 붉은 기, 주근깨, 털 등 피부의 다양한 특성을 인식해 정밀한 분석을 가능하게 한다.

세포라는 이 시스템을 통해, 1만 개 이상의 피부톤 데이터를 활용해 8천 개 이상의 파운데이션 제품 중에서 최적의 상품을 추천하는 기능을 제공하고 있으며, 고객의 피부톤 변화 이력 관리를 통해 시즌별 신제품 제안과 뷰티 루틴 개선에도 도움을 주고 있다.

울타뷰티의 AI 피부 분석 존

울타뷰티(Ulta Beauty)는 AI 기반 피부 분석 존을 매장에 도입해 고객 맞춤형 서비스를 제공하고 있다. 이 시스템은 고객이 디지털 스캐너를 통해 자신의 피부 상태를 확인하면, 해당 결과가 즉시 매장 직원의 태블릿과 연동돼 매장 내 전문가의 상담을 받을 수 있도록 지원한다. 또한 추천된 제품과 유사 제품 비교, 할인 여부, 리뷰 평점 등을 실시간으로 분석해 소비자의 결정을 도와주며, 고객이 직접 피부 진단을 체험하고 이에 맞는 제품을 추천받을 수 있도록 해 매장 내 체류 시간 증가와 구매 전환율 상승에 기여하고 있다.

AI 기반 유통 효율화와 스마트 물류 전략

뷰티 산업은 신제품 출시 주기가 짧고, 소비자 취향 변화 속도가 빠르기 때문에 수요 예측을 통한 재고 관리와 물류 최적화가 매우 중요하다. 최근에는 AI를 활용한 수요 예측 알고리즘이 이러한 문제를 해결하는 데 핵심 역할을 하고 있다.

AI 기반 수요 예측 기술의 현재

AI는 지역별, 계절별, 소비자 세그먼트별 구매 패턴을 분석해 정확한 판매 예측을 가능하게 하며, 과거 판매 데이터뿐만 아니라 소셜 미디어 트렌드, 날씨, 행사 일정 등 다양한 외부 데이터를 분석해 제품별 수요를 예측한다. 이를 통해 기업은 정확한 생산 계획과 물류 배치 전략을 수립하고 재고 부족 또는 초과 재고 문제를 방지할 수 있다. 특히 반품률, 프로모션 효과, 경쟁사 가격 변화 등도 예측 모델에 포함되면서 실시간 의사 결정이 가능해지고 있으며, 매장별 · 시간대별 재고 자동 배치, 개인화된 프로모션 타이밍 설정 등 정밀한 운영이 가능해지고 있다.

로레알의 디맨드센싱 사례

로레알(L'Oreal)은 '디맨드센싱(Demand Sensing)' 기술을 도입해 공급망 혁신을 이루고 있다. 이 프로그램은 단순한 과거 판매 데이터 기반의 예측에서 벗어나, 실시간 데이터와 AI 기술을 활용해 수요 변화에 즉각적으로 반응할 수 있도록 설계됐다.

디맨드센싱은 소셜 미디어 트렌드, 검색량, 계절성, 기후 정보, 오프라인 유통 현황 등 다양한 데이터를 통합 분석함으로써 더욱 정밀한 SKU(Stock Keeping Unit, 재고 관리 단위) 수준의 예측을 가능하게 한다. 특히 프로모션, 마케팅 캠페인, 인플루언서 활동 등 외부 요인이 소비자 수요에 미치는 영향을 AI가 실시간으로 학습하고 반영함으로써, 수요 예측의 정확도를 지속적으로 향상한다.

로레알은 이 시스템을 통해 특정 제품군의 조기 품절 문제를 사전에 방지하고, 예상보다 수요가 높은 제품은 빠르게 생산 및 유통 구조를 전환해 매출 손실을 줄이는 데 성공하고 있다. 또한 특정 국가 또는 지역 단위로 소비자의 반응을 빠르게 포착해 국가별 맞춤형 재고 전략 수립이 가능해졌으며, 이는 유럽을 비롯한 주요 물류 거점에서 운영 효율성을 비약적으로 높이는 기반이 됐다.

참고문헌

박재현(2025.2.21). "[단독] 편의점서 '내 찰떡 메이크업' 찾아준다 … 다이소 뜨니 뷰티 공략나선 GS25". 아시아경제. https://www.asiae.co.kr/article/2025021915513511575

CJ올리브영(2025.4.25). "CJ올리브영, 전국 매장에 '체험형 뷰티 서비스' 도입한다". https://corp.oliveyoung.com/ko/news/56

Consumer Goods Technology(2021.8.26). "Sephora Applies New AI Technology for Inclusive Color IQ Relaunch". https://consumergoods.com/sephora-applies-new-ai-technology-inclusive-color-iq-relaunch

Cosmetic Design(2024.7.23). "AI insights and solutions to enhance cosmetics supply chains". https://www.cosmeticsdesign.com/Article/2024/07/23/ai-insights-and-solutions-to-enhance-cosmetics-supply-chains/

L'Oreal. Avec le Teint Particulier, a chaque peau son fond de teint parfait. https://www.loreal.com/fr/articles/brands/teint-particulier/

L'Oreal. Demand Sensing: How to Forecast Sales at the Age of Data & AI?. http://loreal.com/en/articles/science-and-technology/demand-sensing-how-to-forecast-sales-at-the-age-of-data-ai/

Perfect Corp. Clinique Boosts Conversions by 2.5 times, 30% Larger Basket Size, and 5x Longer Dwell Time with Perfect Corp. VTO. https://www.perfectcorp.com/business/successstory/Clinique-AR-Solutions-Success-Story

Perfect Corp. Tarte Sees "Triple Digit Increase" in Time Spent on Site, 30% Jump in Add-to-Cart Using Virtual Try-on. https://www.perfectcorp.com/business/successstory/tarte
Ulta Beauty. https://www.ulta.com/innovation/experiences.html

04

AI 마케팅, 초개인화 뷰티 경험의 완성

AI는 메시지 설계와 고객 경험(CX, Customer Experience) 설계의 주체로서 브랜드와 소비자의 감정적 연결을 설계하고 있으며, 광고 리타기팅의 효율성부터 CX까지 광범위한 영역에 걸쳐 뷰티 마케팅의 패러다임을 재구성하고 있다. 본 장에서는 브랜드와 소비자 간의 감성적 연결을 강화하는 핵심 엔진으로 부상한 AI가 뷰티 마케팅에서 수행하는 정교한 역할을 살펴본다.

AI와 사주?

소셜미디어와 인플루언서 데이터 분석

소셜미디어는 뷰티 브랜드와 소비자의 감성적 연결을 형성하는 핵심 채널이다. AI는 인플루언서 팬덤 구조, 콘텐츠 반응 성향, 피드 내 해시태그 분석을 기반으로 정밀한 타기팅을 가능하게 하며, 캠페인 사후 성과 분석 및 인사이트 도출에서도 강력한 도구로 활용된다.

틱톡과 인스타그램

틱톡(TikTok)과 인스타그램(Instagram)은 사용자의 데이터를 기반으로 뷰티 트렌드, 튜토리얼, 제품 리뷰 등을 선별해 사용자 취향에 맞는 콘텐츠를 노출하는 알고리즘을 운영하고 있으며, 이를 통해 뷰티 브랜드는 마케팅 효율 극대화와 높은 전환율을 얻고 있다. 특히 인스타그램의 AI는 팔로워 성향, 게시물 반응도 등을 측정해 가장 적합한 뷰티 인플루언서를 브랜드와 연결해 주고 있으며, 이는 브랜드의 타깃 마케팅 정교화를 돕고 있다. 브랜드들은 이를 통해 소비자 맞춤형 광고를 집행하고 개인별 선호도를 반영한 초개인화 마케팅 전략을 전개해, 소비자와 심층적 연결을 이어 가고 있다.

레어뷰티의 팬덤 데이터 기반 캠페인

셀리나 고메즈가 설립한 '레어뷰티(Rare Beauty)'는 자폐 스펙트럼 커뮤니티를 중심으로 한 팬덤 데이터를 기반으로 감성 캠페인 '있는 그대로, 너는 특별해(You Are Rare)'를 설계했다. 해당 캠페인은 소셜네트워크서비스(SNS)에서 3억 건 이상의 해시태그 노출을 유도했고, 광고 클릭당 비용(CPC) 효율은 22% 향상, 광고 집행 후 광고 수익률(ROAS)은 43% 이상 증가하는 성과를 달성했다. AI는 콘텐츠 추천을 넘어 뷰티 브랜드의 사회적 메시지와 제품 전략을 정교화하는 데 활용되고 있다.

옴니채널 AI 뷰티와 마케팅 자동화

AI는 뷰티 산업의 온라인과 오프라인 채널을 통합하는 옴니채널 시스템의 형태로 고객 경험의 일관성과 효율성을 향상하는 데 중요한 역할을 하고 있다. 고객 데이터 플랫폼(CDP, Customer Data Platform)을 통해 통합된 고객 데이터를 기반으로 AI는 고객 이탈 시점 예측, 재방문 유도, 구매 후 후기 유도 등으로 마케팅 전 여정의 자동화에 기여를 하고 있다.

세포라의 CDP 기반 고객 유지 전략

세포라(Sephora)는 AI 기반 고객 데이터 플랫폼(CDP, Customer Data Platform)을 통한 고객 맞춤형 마케팅으로 이탈 고객 재유입과 고객 충성도 강화를 실현하고 있다. 세포라는 오프라인과 온라인 데이터를 연계한 실시간 분석 시스템을 활용해 고객의 구매 히스토리, 행동 패턴, 브랜드 참여 데이터를 통합 분석하고, 이를 기반으로 이탈할 가능성이 있는 고객에게는 재입고 알림, 혜택 메시지, 개인화 프로모션을 제공하며 고객별 평균 매출 증가, 마케팅 ROI(투자수익률) 향상의 성과를 도출했다. 예를 들어, AI 스킨 진단 도구 사용 고객의 전환율은 35% 증가하고, 스킨케어 반품률은 25% 감소했고, 이메일 오픈율은 17%에서 40%로 상승했다. 세포라의 CDP 시스템 사례는 AI 기술의 활용이 마케팅 지원을 넘어 브랜드 운영 전반을 강화하는 플랫폼으로 작동할 수 있음을 보여 준다.

생성형 AI와 감성적 연결

뷰티 산업에서 브랜드 충성도의 핵심은 기능적 성능보다 감성적 공감대에 있으며, AI는 이러한 감성의 언어를 데이터로 해석하고 메시지 전략으로 전환하는 데 중요한 역할을 한다. 특히 생성형 AI는 뷰티 브랜드의 콘텐츠 생산을 자동화하고 창의성을 보완하는 역할을 수행하며 브랜드의 정체성(Narrative)과 소비자와 감정적 유대를 강화하는 도구로 발전하고 있다.

게를랭의 향수 캠페인 생성형 콘텐츠

LVMH 그룹의 게를랭(Guerlain, 겔랑)은 2024년 봄 시즌 '1853년의 탄생, 미래를 향한 여정(Born in 1853, Made for the Future)' 캠페인에서 생성형 AI를 도입해 향수의 감각적 경험을 언어와 이미지로 변환하는 작업을 진행했다. 브랜드 170년 유산을 토대로 향수의 감각적 경험을 언어모델과 이미지 생성형 AI로 재해석했으며, 이를 기반으로 맞춤형 향수 추천 콘텐츠를 제작해 소셜미디어 참여율을 크게 끌어올렸다.

데이터 기반 마케팅 솔루션의 발전

브랜드의 해외 매출 비중이 높아지면서 뷰티 마케팅 솔루션은 해외 소비자에게 제품을 노출하는 역할을 넘어, 소비자의 수요 데이터를 기반으로 글로벌 시장 진입을 설계하고 광고 최적화와 실시간 성과분석을 통해 콘텐츠 전략의 재설계를 돕는 솔루션으로 발전하고 있다.

아마존 글로벌 셀링 솔루션

아마존글로벌셀링(Amazon Global Selling)는 뷰티 브랜드가 글로벌 시장의 수요를 탐색하여 타깃을 설정하고, 광고 · 콘텐츠 최적화 전략을 실행하기 위해, 국가별 제품 수요 · 광고 반응을 실시간으로 분석하고 전략을 설계할 수 있는 데이터 솔루션을 제공한다.

뷰티 브랜드는 이 솔루션을 활용하여 국가 · 지역별 자사 제품군에 대한 잠재 수요 탐색을 위하여 타깃 국가의 시장 데이터를 분석하고, 제품 카탈로그와 키워드를 연계하여 검색 노출량과 구매 전환을 분석하여 매출 잠재력이 높은 제품을 최적화할 수 있다. 이와 함께 광고 캠페인 집행과 최적화를 위하여 측정된 성과 데이터를 실시간으로 모니터링하여 전략을 수정할 수 있다. 해외 매출 증진을 목표로 하는 뷰티 브랜드 관점에서는 빠르게 변화하는 글로벌 뷰티 트렌드에 대응하고 문화권과 인종별로 다양한 미적 취향을 공략할 수 있는 제품의 출시를 위해 데이터 기반 마케팅 전략이 필수적이기 때문에, 이와 같은 데이터 기반 솔루션의 중요성은 앞으로도 더욱 높아질 것으로 예상된다.

AI를 활용한 체험형 마케팅의 진화

서울 성수동은 '서울의 브루클린'이라 불릴 만큼 트렌디한 팝업 공간이 집중되는 지역으로 자리 잡았다. 최근 성수동을 중심으로 K뷰티를 찾는 외국인 관광객이 증가하며, 글로벌 소비자를 대상으로 브랜드 정체성 전달을 위해 AI 접목 체험형 공간 경험을 설계하는 마케팅 사례가 눈에 띈다.

정샘물뷰티의 플래그십 스토어, '정샘물 101 성수'

프로페셔널 메이크업 아티스트 브랜드 '정샘물뷰티'는 2025년 10월 성수동 연무장길에 오픈한 '정샘물 101 성수' 플래그십 스토어의 1층 '유티풀 파인더(Youtiful Finder)' 공간에서 '아이컬러파인더(I Color Finder)'라는 AI 눈동자 컬러 진단 서비스를 제공하며, 방문객이 자신의 컬러 특성과 브랜드 제품을 매칭해 보는 체험을 설계했다. 정샘물 101 성수는 "있는 그대로의 가장 나다운 아름다움(Youtiful, You + Beautiful)"의 발견이라는 브랜드가 추구하는 핵심 철학을 반영한 공간이자, 정샘물 원장이 정립한 눈동자 퍼스널컬러 이론을 인공지능으로 해석하여 브랜드 경험을 전달하는 혁신적인 체험형 마케팅 사례로 꼽을 수 있다.

참고문헌

TikTok for Business(2023). Rare Beauty.
https://ads.tiktok.com/business/en-US/inspiration/rare-beauty-tiktok-creative

Think with Google(2025). How Rare Beauty gave its ad strategy an AI glow-up.
https://www.thinkwithgoogle.com/marketing-strategies/search/rare-beauty-gen-z-marketing-strategy

DigitalDefynd(2025). 5 Ways Sephora is Using AI [Case Study].
https://digitaldefynd.com/IQ/sephora-using-ai-case-study

Sitecore(2022). Sephora boosts website traffic and sales with Moosend.
https://www.sitecore.com/explore/customers/sephora/sephora-boosts-website-traffic-and-sales-with-moosend

Marketingdive(2023). Campaign Trail: Guerlain engages AI to take its iconic bottle back to the future.
https://www.marketingdive.com/news/guerlain-bee-bottle-generative-ai-art-campaign-trail/688553/

Amazon Ads(2024). Beauty Industry Marketing – Build an Advertising Strategy.
https://advertising.amazon.com/solutions/industries/beauty

Cart.com(2025). Ultimate guide to sell in the Amazon beauty category.
https://cart.com/blog/sell-in-the-amazon-beauty-category

패션비즈(2025). 정샘물뷰티, 성수동에 두 번째 플래그십 스토어 오픈, 가장 '나다운 아름다움, 유티풀(You+Beautiful)'을 발견하다. https://fashionbiz.co.kr/article/220132

05
뷰티 필터, AI로 설계하는 진짜 내 모습

이제 AI 뷰티 필터는 사용자 고유의 미적 기준을 토대로 '되고 싶은 나'의 모습을 설계하는 도구로 자리매김했다. 개인이 바라는 외모의 이상향을 직접 설계하며, 실제 소비와 브랜드 선택으로 이어지는 여정은 단순한 이미지 보정 기술이 아닌, 자아를 표현하는 언어라고 할 수 있다. 본 장에서는 AI 뷰티 필터가 인간이 가진 미적 욕망을 디지털로 번역하고 제품의 소비로 이어지게 하는 흐름을 주요 기업의 사례를 통해 탐구한다.

AI와 아이돌?

AI 뷰티 필터 기술의 발전과 주요 사례

스마트폰을 사용하는 현대인의 필수 아이템으로 자리 잡은 뷰티 필터의 개념과 특징, 그리고 주요 기업의 사례를 살펴본다.

AI 뷰티 필터의 개념과 특징

AI 뷰티 필터는 얼굴 인식 기술(Face Recognition Technology)과 이미지 처리(Image Processing) 기술을 결합해, 얼굴의 랜드마크를 자동 인식하고 피부 텍스처, 윤곽선, 이목구비 등을 분석한 후 실시간 또는 비실시간으로 보정 효과를 제공하는 소프트웨어다.

AI 뷰티 필터의 주요 기능으로는 피부 톤 미백, 주름 및 잡티 제거, 얼굴형 슬리밍, 이목구비 비율 최적화, 가상 메이크업, 실시간 필터 기능 등이 있다. 최근에는 사용자 개개인이 추구하는 미적 취향이나 사용자의 얼굴 데이터를 학습해, 맞춤형 보정 결과를 제공하는 '초개인화 뷰티 필터(Hyper Personalized Beauty Filter)'로 진화하고 있다.

메이투의 AI 뷰티 필터

메이투(Meitu)는 중국을 대표하는 이미지 보정 및 뷰티 카메라 앱으로, 동아시아권의 이상적 외모 기준을 반영한 기능들로 큰 인기를 얻었다. 미백, 얼굴 축소, 눈 키우기 기능이 대표적이며, 최근에는 AI 기반 피부 분석과 맞춤형 뷰티 솔루션, AI 아바타 생성 기능까지 탑재해 이용자에게 큰 호응을 얻고 있다. 2016년에는 미국 나스닥(NASDAQ) 상장에 성공하며 글로벌 확장을 본격화했다.

유캠메이크업의 시뮬레이션

유캠메이크업(YouCam Makeup)은 대만의 퍼펙트 코퍼레이션(Perfect Corp)이 개발한 뷰티 필터 앱이다. 유캠메이크업에서는 AI와 AR(증강현실) 기술을 활용해 소비자가 원하는 메이크업 룩을 실시간으로 시뮬레이션할 수 있다. 유캠메이크업은 AI 피부 분석 기능을 강화해, 사용자에게 맞춤형 화장품 추천까지 연계하는 O2O(Online to Offline) 전략을 펼치고 있으며, 로레알(L'Oreal)과 에스티로더(Estee Lauder) 등의 럭셔리 화장품 브랜드와도 협력관계를 구축하고 있다.

문화별 미적 기준과 AI 필터의 영향

AI 뷰티 필터는 문화권별로 이상적 외모의 기준을 반영하며 발전하고 있다. 이는 사용자 경험을 극대화하는 한편, 획일화된 외모 기준을 형성하기도 한다.

동아시아권

동아시아권에서는 하얀 피부, 작은 얼굴, 큰 눈, 오똑한 코, 날렵한 턱선 등이 이상적인 미의 기준으로 자리 잡고 있다. AI 뷰티 필터 역시 이러한 기준을 반영해 피부 미백, 얼굴 축소, 이목구비 강조 기능이 강화돼 있다. 특히 'K 뷰티 페이스(K-Beauty Face)'라 불리는 동아시아권의 이상적 외모 기준은 K-팝 아이돌, 배우들의 이미지가 주요 참고 대상이 되고 있으며, AI 뷰티 필터는 이를 반복적으로 학습해 구현해 낸다.

서구권

서구권에서는 건강한 피부 톤, 자연스러운 주름, 개성 있는 이목구비가 선호된다. 최근 인스타그램, 스냅챗 등의 플랫폼에서도 AI 뷰티 필터가 인기를 얻으면서, '인스타그램 페이스(Instagram Face)'라 불리는 획일화된 미적 기준이 확산되고 있다. 이 과정에서 아시아권과 유사하게 AI 필터가 외모 기준의 획일화를 가속화하는 경향이 나타나고 있다.

AI 필터의 문화적 편향 문제

AI 필터는 데이터셋과 개발자가 가진 문화적 가치관과 미의 기준을 반영하며, 이는 특정 문화권의 미적 기준을 강화하거나 확산시키는 결과를 초래하게 된다. 글로벌 시장에 공급되는 뷰티 필터가 인종적 편향이 생기지 않도록 다양성을 고려한 서비스 설계가 중요해지고 있다.

AI 필터 산업의 글로벌 동향

AI 뷰티 필터 시장은 소셜미디어와의 융합으로 빠르게 성장하고 있다. 글로벌 뷰티 카메라 앱 시장은 2025년 7.45억 달러에서 2034년 24.88억 달러로 성장할 것으로 전망되고 있으며, 주요 기업들은 이러한 흐름에 맞춰 AI 뷰티 필터를 콘텐츠 제작, 브랜드 제품 추천으로 확장해 수익 모델을 다변화하고 있다. 미국의 퍼펙트코퍼레이션은 로레알, 에스티로더와 파트너십을 맺고, 유캠메이크업을 통한 제품 추천과 구매를 연결하는 O2O(Online to Offline, 온라인과 오프라인을 연결해 주는 서비스) 비즈니스 모델을 확장하고 있다.

사회적 영향과 윤리적 쟁점

AI 뷰티 필터 기술의 확산에 따라 개인정보 이슈, 미적 기준의 획일화 등 다양한 쟁점이 제기되며, 이에 대한 국제적 대응과 윤리 기준 수립이 필요한 시점이다.

외모 불만족과 정신 건강 문제

AI 뷰티 필터는 이상적인 외모 이미지를 강화함으로써, 사용자의 외모 불만족을 심화할 수 있다. 특히 청소년과 젊은 성인층은 필터로 보정된 자신의 모습과 실제 모습 사이에서 괴리감을 느끼고, 신체이형장애(BDD, Body Dysmorphic Disorder) 같은 정신 건강 문제를 겪을 위험이 있다. 소라 스쿨(Sora Schools)의 연구에 따르면, AI 뷰티 필터를 자주 사용하는 청소년 중 35%가 실제 외모에 대한 불만족을 경험했으며, 18%는 BDD 증상을 호소한 것으로 나타났다(Sora Schools, 2024).

개인정보 보호 이슈

AI 뷰티 필터 앱은 얼굴 데이터, 피부 상태 등의 민감한 생체 정보를 수집하고 활용하며, 이 활용 과정에서 사용자의 명확한 동의 없이 데이터가 수집되거나, 제3자에게 제공될 경우 개인정보 침해 문제가 발생할 수 있다. 한국의 경우 개인정보보호법에 따라 얼굴 이미지와 같은 민감정보 수집 시 명시적 동의와 활용 목적 제시가 필요하다.

AI 필터와 미적 획일화

AI 뷰티 필터는 특정한 외모 기준을 강화하고, 이를 전 세계적으로 확산시키는 경향이 있다. '화이트닝(Whitening)', '슬림 페이스(Slim Face)', '빅 아이즈(Big Eyes)' 등의 일부 기능은 다양한 인종과 문화의 아름다움을 축소하거나 왜곡할 수 있다. 포브스(Forbes) 보고서에 따르면, AI 필터 사용자는 평균적으로 보정된 외모에 더 높은 점수를 부여하고, 실제 자신의 외모를 평가절하하는 경향이 있다(Forbes, 2022). 이러한 미적 획일화는 사용자의 자존감 저하, 외모 차별(lookism) 문제를 심화할 수 있다.

규제 동향과 윤리적 논의

AI 뷰티 필터 기술이 글로벌 시장으로 확산됨에 따라, 각국 정부와 기업은 이를 규제하거나 자율적으로 윤리 기준을 마련하려는 움직임을 보이고 있다. 글로벌 기업들은 자체 윤리위원회 설치, 데이터 최소화 수집 정책(Data Minimization Policy) 등 자율 규제 기조를 강화하고 있다. 미국의 연방거래위원회(FTC)는 2023년부터 AI를 활용한 얼굴 데이터 수집에 대해 '공정성(Fairness)', '투명성(Transparency)', '책임성(Accountability)' 원칙을 적용하고 있다.

참고문헌

Clausius Scientific Press(2024). A Study of Artificial Intelligence's Impact on Aesthetic Standards and Its Potential Social Dilemmas
https://www.clausiuspress.com/assets/default/article/2024/09/22/article_1727002363.pdf

Federal Trade Commission(2024). FTC Releases 2023 Privacy and Data Security Update.
https://www.ftc.gov/news-events/news/press-releases/2024/03/ftc-releases-2023-privacy-data-security-update

Forbes(2022). How AI Avatars And Face Filters Are Alerting Our Conception Of Beauty.
https://www.forbes.com/sites/annahaines/2022/12/19/how-ai-avatars-and-face-filters-are-affecting-our-conception-of-beauty/

Meitu Corporation(2024). 2023 Annual Report.
https://corp-static.meitu.com/corp-new/20240425/2023%20Annual%20Report%20(E).pdf

Sora Schools. (2024). Into the Looking Glass: Consequences of A.I. Beauty Filters
https://soraschools.com/sora-journal/article/arie-po-and-arie-tu-into-the-looking-glass-consequences-of-ai-beauty-filters

The Business Research Company(2025). Beauty Camera Apps Global Market Report.
https://www.thebusinessresearchcompany.com/report/bea

uty-camera-apps-global-market-report

06
인플루언서, 뷰티 산업의 새로운 엔진

최근 전문 크리에이터부터 셀레브러티까지 뷰티 브랜드의 론칭, 제품 마케팅, 소비자 경험 설계의 전반에 걸쳐 영향력을 확대하며, 인플루언서 시장은 뷰티 산업을 움직이는 핵심 동력으로 자리 잡았다. 본 장에서는 인플루언서 시장의 성장 동향, 글로벌 및 국내 주요 성공 사례, 브랜드 전략 변화, 윤리적 이슈와 향후 방향성을 종합적으로 분석한다.

인플루언서 마케팅의 부상

인플루언서 마케팅(Influencer Marketing)은 소셜미디어상에서 팔로워에게 신뢰를 얻은 개인이 특정 브랜드나 제품을 소개해 소비자 행동에 영향을 미치는 마케팅 전략을 의미한다. 이러한 개인적 신뢰는 특히 뷰티 산업에서 전통적인 매스미디어 광고보다 높은 설득력을 발휘하며, 특히 MZ세대 소비자는 브랜드 광고보다 인플루언서 리뷰를 더욱 신뢰하는 경향을 보이며 제품 구매 결정 과정에 직접적인 영향을 받고 있다.

인플루언서 마케팅 허브(Influencer Marketing Hub)에 따르면, 글로벌 인플루언서 마케팅 시장은 2016년 17억 달러에서 2024년 약 240억 달러로 성장했다. 특히 뷰티, 패션, 헬스케어 산업이 가장 큰 수혜 산업으로 꼽히며, 브랜드 광고 예산의 평균 30% 이상이 인플루언서와의 협업에 투입되고 있다. 한국에서도 인플루언서 마케팅은 뷰티 산업 내 필수 전략으로 자리 잡았다. 대한화장품산업연구원에 따르면, 국내 뷰티 브랜드의 82%가 인플루언서와의 협업을 통한 제품 홍보 또는 신제품 론칭 캠페인을 진행하고 있다.

뷰티 인플루언서의 성공 사례

2017년, 팝스타 리애나(Rihanna)는 '펜티뷰티(Fenty Beauty)'를 론칭하며 뷰티 산업에 파격을 가져왔다. 리애나는 다양한 피부색을 포용하는 40가지 파운데이션 컬러를 출시해 인종, 성별, 나이를 불문하고 모든 소비자가 자기 피부에 맞는 제품을 찾을 수 있도록 했다. 펜티뷰티는 유튜브, 인스타그램 등에서 다양한 뷰티 인플루언서와 협업해 제품을 바이럴했으며, 론칭 첫해 약 5억 7천만 달러의 매출을 달성하는 데 성공했다. 단 두 달 만에 글로벌 소셜미디어 언급량이 10만 건을 넘어서며, 다양성(Diversity)을 내세운 브랜드 전략이 강력한 화제성과 매출 상승으로 직결됐다.

레어뷰티(Rare Beauty)는 가수 겸 배우 셀리나 고메즈(Selena Gomez)가 2020년 설립한 뷰티 브랜드로, 진정성과 포용성에 방점을 찍었다. 고메즈는 정신 건강 이슈를 공개적으로 다루며, 제품 출시와 동시에 '레어임팩트펀드(Rare Impact Fund)'를 조성해 판매 수익 일부를 정신 건강 지원 활동에 기부했다. 이러한 진정성 있는 메시지는 Z세대 소비자들의 강한 공감을 이끌어 냈으며, 틱톡과 인스타그램을 중심으로 수십만 건 이상의 사용자 생성 콘텐츠(UGC)가 확산됐다. 레어뷰티는 론칭 3년

만인 2023년에 약 4억 6800만 달러의 매출을 기록하며 글로벌 시장에 안착하는 데 성공했다.

에스티로더(Estee Lauder)는 전통적인 럭셔리 화장품 브랜드임에도, 인플루언서 마케팅 전략을 선제적으로 도입해 성공적인 변화를 이끌어 냈다. 2016년부터 '뷰티 어드바이저(Beauty Advisor)' 프로그램을 운영하며, 전 세계 1000명 이상의 마이크로 인플루언서와 장기 파트너십을 맺었다. 이를 통해 젊은 소비자층, 특히 Z세대와의 접점을 강화했고, 디지털 기반 캠페인을 통한 매출 기여도가 2016년 20%에서 2023년 45%까지 상승하는 성과를 거뒀다.

인플루언서가 뷰티 산업에 미치는 구조적 영향

소비자 구매 여정의 변화

매킨지 앤드 컴퍼니(McKinsey & Company) 보고서에 따르면, 2024년 기준 뷰티 제품 구매 결정 시 '인플루언서 추천'이 차지하는 영향력은 전체의 41%에 달하며, 이는 브랜드 공식 광고(28%)나 전통적 리뷰 사이트(17%)보다 높은 수치를 기록하고 있다. 소비자는 인플루언서가 제공하는 제품 사용 후기, 튜토리얼 영상, 비교 분석 콘텐츠를 신뢰하며, 이를 통해 구매 전 환상과 현실 간의 간극을 줄이려 한다.

브랜드 커뮤니케이션 방식의 변화

브랜드는 이제 소비자에게 단순히 제품을 소개하는 데 그치지 않고, 소비자가 신뢰하는 인플루언서와 함께 브랜드 스토리를 구축하고 감성적 연결(Emotional Bonding)을 강화하려 한다. 특히 인플루언서가 주도하는 '브랜드 내러티브(Brand Narrative)'는 단발성 광고보다 오랜 기간 소비자의 기억에 남는 경향이 있다. 예를 들어 레어뷰티는 정신 건강이라는 사회적 메시지를 인플루언서 활동에 자연스럽게 녹여 내며 소비자 충성도(Brand Loyalty)를 확보했다.

뷰티 산업 내 신흥 브랜드의 부상

인플루언서 마케팅은 소규모 스타트업이나 신생 브랜드가 시장에 진입하는 진입장벽을 크게 낮췄다. 대규모 광고 예산 없이도 영향력 있는 인플루언서와 협력하면, 글로벌 소비자에게 빠르게 브랜드 인지도를 확장할 수 있기 때문이다. 대표적 사례로, 미국의 스킨케어 브랜드 글로시에(Glossier)는 창업 초기부터 인플루언서와 긴

밀한 협업을 통해 브랜드 가치를 키웠으며, 현재는 수십 억 달러 규모의 기업 가치를 인정받고 있다.

지속 가능한 인플루언서 마케팅의 방향성

허위 광고 등에 관한 규제

인플루언서 마케팅의 급격한 성장 이면에는 허위 광고와 이미지 과보정 문제가 있다. 일부 인플루언서는 과도한 포토샵 수정, 협찬 사실 미표기, 과장된 제품 효능 주장 등을 통해 소비자 신뢰를 훼손하고 있다. 이에 대응해, 미국 연방거래위원회(FTC)는 2024년 인플루언서 가이드라인을 개정해, 모든 광고성 콘텐츠에 명확하고 눈에 띄는 형태로 '광고(ad)' 또는 '유료 광고(Paid Partnership)'임을 표시하도록 의무화했다.

한국에서도 공정거래위원회는 '추천-보증 등에 관한 표시-광고 심사 지침'을 통해 유사한 규제를 적용하고 있으며, 위반 시 과징금 부과 및 행정 처분을 내릴 수 있도록 법적 장치를 강화하고 있다.

스토리텔링 중심 캠페인의 부각

소비자는 점점 더 광고성 콘텐츠에 대해 민감하게 반응

하고 있으며, 진정성 있는 메시지 전달과 투명성을 가진 인플루언서에 대해 높은 신뢰를 보인다. 특히 Z세대 소비자는 '광고를 가장하지 않는 광고'를 선호하며, 구매를 결정할 때 제품의 스펙보다 인플루언서의 솔직한 경험담을 더 중시하는 경향이 뚜렷하다. 이러한 흐름에 맞춰 브랜드는 단기 매출을 위한 협찬성 콘텐츠 제작보다는, 장기적 파트너십 강화와 스토리텔링 중심 캠페인 활동으로 전략을 전환하고 있다.

참고문헌

대한무역투자진흥공사(2023). "글로벌 클린뷰티 화장품 동향 및 진출전략". https://kcia.or.kr/inc/down.php?dir=BOARD&file_name=202307_169050437712287_1.pdf

MK News(2023). A beauty tech company APR succeeded in the success of the MediCube pop-up store in New York, USA. https://www.mk.co.kr/en/business/10969088

Business of Fashion(2025). Estee Lauder Companies' makeover begins. https://www.businessoffashion.com/articles/beauty/which-brands-is-estee-lauder-selling/

Federal Trade Commission. Endorsements, influencers, and reviews. https://www.ftc.gov/business-guidance/advertising-marketing/endorsements-influencers-reviews

McKinsey & Company(2024). The beauty boom and beyond: Can the industry maintain its growth?. https://www.mckinsey.com/industries/consumer-packaged-goods/our-insights/the-beauty-boom-and-beyond-can-the-industry-maintain-its-growth

Rao, P.(2024). Selena Gomez's Rare Beauty exploring an IPO or sale as net sales cross $400 million. Business of Fashion. https://www.businessoffashion.com/articles/beauty/selena-gomezs-rare-beauty-exploring-an-ipo-or-sale-as-revenue-crosses-400-million/

Wingard, J.(2019). Rihanna's 'Fenty Beauty': A leadership case for customer inclusivity. Forbes. https://www.forbes.com/sites/jasonwingard/2019/08/02/rihannas-fenty-beauty--a-leadership-case-for-customer-inclusivity/

07
가상의 미녀, AI 컴패니언

실존 인물을 넘어서는 디지털 창조물, '가상의 미녀'가 뷰티 산업의 새로운 주인공으로 부상하고 있다. AI와 디지털 휴먼 기술의 융합으로 만들어진 AI 컴패니언은 인간의 감성과 미적 기준을 반영한 인플루언서로 활동하며 뷰티 시장에서 영향력을 확장하고 있다. AI 버추얼 인플루언서의 뷰티 브랜드 협업 사례를 통해, 이 가상의 존재들이 어떻게 뷰티 산업의 패러다임을 변화시키고 있는지를 논의한다.

AI와 윤동주?

AI 컴패니언과 가상 미녀 산업의 부상

최근 AI 컴패니언은 단순한 캐릭터 대화 서비스를 넘어서서 사용자의 미적 취향대로 설계된 시각적인 아름다움을 제공하며 뷰티 산업과의 직접적 연계를 강화하고 있다. 미국을 중심으로 폭발적인 성장을 이루고 있는 캐릭터ai(Character.ai)는 사용자가 직접 외모와 성격을 설계한 AI와 감성적 대화를 나누는 플랫폼이다. 2024년 기준 월간 사용자 수 1500만 명을 돌파한 이 플랫폼에서 사용자는 친구, 연인, 멘토 등 관계 유형을 설정하고 대화를 이어 갈 수 있으며, 외모 디자인도 사용자의 취향에 맞게 설정할 수 있다. 레플리카ai(Replika.ai)는 AI와의 감정적 유대를 중심에 둔 플랫폼으로, 사용자는 자신의 레플리카를 성격, 외모, 대화 스타일 등 원하는 방식으로 커스터마이징할 수 있다. 특히 레플리카는 사용자의 미적 선호를 반영해 이상적 외모를 설계할 수 있도록 기능을 고도화하고 있다.

이렇게 AI가 제시하는 미적 코드와 인터랙션 디자인은 브랜드들이 감성적 콘텐츠를 기획하는 데 새로운 자산이 될 수 있다. AI 컴패니언 플랫폼은 사용자의 행동과 취향 데이터를 기반으로 아름다움을 코드로 해석하고, 이를 수치화하는 방식으로 '디지털 미녀'를 대량 생성하고 있다. 소비자의 선호를 실시간 반영할 수 있는 가상의 미남 미녀를 생성한다는 점에서 뷰티 브랜드들에게 매력적인 콘텐츠 생성 도구로 발전할 수 있다. '가상의 미녀'는 이제 단순한 시뮬레이션 캐릭터가 아니라, 데이터 기반으로 소비자 경험을 설계하는 디지털 자산이다.

버추얼 인플루언서와 뷰티 마케팅

버추얼 인플루언서는 실제 인간과 유사한 외모와 감성을 지닌 디지털 휴먼으로, 소셜미디어에서 활약하며 뷰티 브랜드의 마케팅 파트너로 자리 잡고 있다. 이들은 실제 사람처럼 소셜미디어에서 활동하며, 다양한 브랜드와 협업을 통해 마케팅 활동을 전개한다.

최근 버추얼 인플루언서는 인스타그램, 틱톡 등 소셜미디어 플랫폼을 적극 활용해 뷰티 콘텐츠를 확산시키고 있다. 이들은 메이크업 튜토리얼, 스킨케어 루틴, 제품 리뷰 등을 가상의 미녀로서 선보이며, 실제 인플루언서 못지않은 파급력을 발휘하고 있다. 2023년 기준, 버추얼 인플루언서들이 생성한 뷰티 관련 콘텐츠는 전체 소셜미디어 뷰티 콘텐츠의 약 12%를 차지할 정도로 성장했다. 가상의 인물들이 전하는 마케팅 메시지는 실제 인플루언서보다 더 정제되고 통제된 이미지로 전달될 수 있어, 뷰티 브랜드 입장에서도 높은 일관성과 확장성을 제공하는 장점이 있다.

대표적인 사례로 릴 미켈라(Lil Miquela)는 2016년 등장 이후, 프라다, 샤넬 등 글로벌 브랜드와 협업하며 '가상의 뷰티 아이콘'으로 자리 잡았다. 아시아권에서는 일본의 이마(Imma), 한국의 로지(Rozy)가 주목받고 있다. 특히 로지는 국내 화장품 브랜드들과 협업해 광고 모델로 활약했으며, 실제 인간 모델과 구별되지 않을 정도의 현실감을 주고 있다.

글로벌 시장에서 폭발적인 성장을 거듭 중인 K뷰티 브랜드인 '메디큐브'의 사례도 돋보인다. 2025년 10월 메디큐브의 싱가포르 틱톡샵 라이브에 AI 쇼호스트가 출연하여 제품과 프로모션에 대해 설명했다. 이 AI 쇼호스트는 싱가포르 영어를 활용하여 제품을 소개하고 댓글에 반응하며, 자연스럽게 제스처를 취하기도 하는 등 인간 쇼호스트와 이질감이 전혀 느껴지지 않을 정도의 진행을 선보였다.

메디큐브의 AI 쇼호스트 사례는 타깃 국가별로 차별적인 전략의 수립이 필요한 라이브 마케팅에서, 판매 실적과 마케팅 성과에 기여하는 문화권별 외적 특성을 데이터화하여, 라이브 마케팅 성과를 극대화할 수 있는 외모를 지닌 쇼호스트를 인플루언서로 등장시킬 수 있는 가능성을 시사한다.

감정형 인터페이스와 관계형 뷰티 경험

최근에는 감정형 AI를 접목한 상담형 뷰티 컨설턴트의 등장으로, 뷰티 브랜드가 소비자와의 감성적 연결을 강화하기 위한 커뮤니케이션 전략에 새로운 차원을 더하고 있다.

대표적으로, 로레알(L'Oréal)은 대화형 AI 기반의 뷰티 어시스턴트인 '뷰티 지니어스(Beauty Genius)'를 출시하여 스킨케어, 헤어, 메이크업 제품 등 750여 가지에 달하는 상품의 추천과 증강현실 기반의 가상 시착 기능을 제공한다. 이 시스템은 소비자의 질문에 텍스트로 답변할 뿐 아니라, 제품 추천 이유와 제품 사용법을 상담형 AI를 통해 직관적으로 안내함으로써 기존의 한계를 뛰어넘는 몰입형 경험을 제공한다.

특히, AI 기반 상담형 컨설턴트는 소비자의 주관적인 미적 취향이나 피부 고민을 이해하고 공감하는 방향으로 진화하고 있다. '이 AI는 나의 추구미를 정확히 이해한다'는 감정이 형성될 때, 소비자는 해당 브랜드에 대한 정서적 신뢰를 구축하게 되고, 이는 곧 구매 행동으로 이

어질 가능성을 높이게 된다. 상담형 AI 컨설턴트는 글로벌 소비자의 주관적인 미적 기준을 이해하고 학습하는 방식으로 발전하여, 제품 중심의 브랜드 경험을 관계 중심의 경험으로 바꾸는 전환점이자, 브랜드 충성도를 높이는 전략적 자산으로 작동하게 될 것이다.

마케팅 최적화를 위한 정서적 뷰티 경험 설계

상담형 AI 컨설턴트는 사용자의 언어와 감정 반응을 바탕으로 '주관적 아름다움'에 대한 데이터를 수집하고 분석할 수 있다. 이는 피부 상태를 진단하는 객관적 분석을 넘어, 소비자가 스스로 지향하는 이상적인 아름다움, 즉 '추구미'를 구조화하고 수치화하는 과정이다. 소비자의 추구미 데이터를 축적한 AI는 소비자의 내면적 욕구와 외면적 니즈를 동시에 반영한 추천 알고리즘을 통해 정서적으로 설득력 있는 제품 추천과 감성적 콘텐츠 기획을 가능하게 한다. 문화권별 미적 선호가 다양한 글로벌 시장으로 영역을 확대할 때, 상담형 AI 컨설턴트가 뷰티 산업에 미치는 파급력은 더욱 확장될 것이다.

이러한 상담형 AI 컨설턴트의 발전은 판매 최적화를 위한 AI 인플루언서 마케팅에 활용될 수 있다. 예를 들어, 특정 국가 소비자가 선호하는 얼굴형, 피부톤, 눈매

스타일 등의 외적 데이터를 학습한 알고리즘이 그에 적합한 AI 쇼호스트를 자동 생성하고, 이를 통해 소비자와 소통하며 상품을 판매하는 방식이다. 최근의 라이브커머스, 인플루언서 마케팅의 중심에는 실제 인물이 광고의 중심에 있었지만, 머지않은 시점에 외형적으로 소비자와의 감정적 유대 형성과 브랜드 타깃에 최적화된 외적 특성을 가진 가상 인간이 그 자리를 대체할 가능성이 높다. 이처럼 마케팅 최적화를 위한 데이터 기반 외형 설계와 진솔한 감정 수집을 동시에 수행하는 AI 컨설턴트는, 향후 뷰티 산업의 마케팅 구조를 근본적으로 바꿀 수 있는 잠재력을 내포하고 있다.

관계 중심 소비로의 전환: AI는 나를 이해하는 존재가 될 수 있을까

AI 컴패니언이 소비자의 미적 취향과 고민을 기억하고 감정까지 읽어 내어 상담형 메시지를 전하는 단계로 발전하면, 상담형 컨설턴트 기반의 뷰티 경험은 브랜드와 소비자 사이의 관계를 더 깊고 지속적인 정서적 관계로 진화시켜 브랜드 충성도 강화에 획기적인 솔루션이 될 수 있다. 감정형 인터페이스와 브랜드 정체성의 결합은 '무엇을 살까'라는 구매 판단 기준을 '이 브랜드가 나의 추구미와 연결되어 있는가'라는 관계 중심 소비로 이동시킨다. 뷰티 산업의 다음 패러다임은 바로 '나의 내면까지 들여다보고 기억해 주는 존재'라는 감정적 지능을 갖춘 브랜드 경험과 소비자가 만들어 나가는 새로운 관계 위에서 형성될 것이다.

참고문헌

Character.ai. https://character.ai/

Miquela Official Instagram account. https://www.instagram.com/lilmiquela/

Replika. The AI companion who cares. https://replika.ai/

VirtualHumans. https://www.virtualhumans.org/

Dailybeauty.drop(2025). 메디큐브 틱톡샵 라이브 AI가 쇼호스트?. https://www.instagram.com/p/DQbXVWLkbfE/

L'Oréal Paris(2025). Beauty Genius – Virtual Personal Beauty Assistant. https://www.lorealparisusa.com/beauty-genius-ai-beauty-virtual-assistant

VisageTechnologies(2024). Customer Emotion Detection for Beauty Brands. https://visagetechnologies.com/customer-emotion-detection-for-beauty-brands/

08
메디컬 에스테틱과 AI

메디컬 에스테틱(Medical Esthetics) 영역에서 AI는 진단, 시술, 예후 관리 전반에 걸쳐 폭넓게 활용되며 의료 미용 시장의 혁신을 이끌고 있다. 본 장에서는 AI 기반의 진단 도구, 로봇 시술, 시뮬레이션 등 메디컬 에스테틱 영역의 다양한 AI 융합 사례를 소개하고, 인체 데이터 활용 AI 개발에 따르는 윤리적 과제, 그리고 글로벌 규제 동향을 의료 미용 관점에서 정리한다.

AI와 한의학?

메디컬 에스테틱과 AI

성형외과와 피부과로 대표되는 메디컬 에스테틱(Medical Esthetics) 분야에서 AI 도입은 정밀하고 예측 가능한 시술과 수술을 제공하기 위한 환자별 맞춤형 시술 계획 수립, 보톡스 시술 결과 시뮬레이션 등의 형태로 발전하고 있다.

캔필드 사이언티픽: AI 기반 다중 스펙트럼 피부 분석

미국의 '캔필드 사이언티픽(Canfield Scientific)'에서 개발한 '비지아(VISIA)'는 다중 스펙트럼 이미징 기술을 활용해 피부의 표면과 심층 구조를 분석하며, 주름, 색소 침착, 모공 크기, 피부 톤 균일성, 자외선 손상 등을 측정한다. 의료진은 비지아를 통해 피부 상태를 정밀하게 진단하고 맞춤형 치료 계획을 수립할 수 있다.

크리살릭스: 미용 성형 수술 계획과 결과 시뮬레이션

스위스의 '크리살릭스(Crisalix)'는 얼굴 또는 신체 부위의 시술 및 수술 결과를 가상으로 시뮬레이션하는 솔루션으로 환자와 의료진의 의사 결정 과정을 돕는다. 환자는 자신의 사진을 업로드하거나 3D 스캐너를 통해 얼굴, 가슴, 체형 변화를 입체적으로 시뮬레이션할 수 있으며,

이 기술을 활용해 의료진의 보다 효과적인 상담과 수술 계획 수립이 가능해진다. 이 시뮬레이션은 보형물 삽입, 주름 제거 등 미용 수술 전후의 모습을 비교할 수 있어 상담 효과와 고객 만족도를 높이고 있다.

클라리우스: 보톡스 및 필러 시술 보조 기술

'클라리우스(Clarius)'가 개발한 T모드 AI(T-Mode AI)는 초음파 영상을 실시간으로 해부학적 구조와 함께 시각화해, 의료진이 안면의 신경과 혈관을 정확하게 식별할 수 있도록 지원한다. 이 기술은 보톡스 및 필러 시술의 안전성과 정밀도를 높이고, 부작용을 최소화하는 데 기여하고 있다.

루미네라 메디컬: AR/VR 기반 환자 경험 향상

'루미네라 메디컬(Luminera Medical)'은 AR(증강현실) 기술을 활용해 시술 부위를 증강현실로 시각화하고, 환자와 의료진 간 커뮤니케이션을 강화하고 있다. 이를 통해 환자는 치료 부위의 시술 전후 변화를 미리 확인하고, 맞춤형 치료 계획을 수립할 수 있다.

인체 데이터 활용과 윤리적 과제

AI 기술을 메디컬 에스테틱에 적용하기 위해서는 방대한 인체 데이터를 활용한 알고리즘 학습이 필수다. 그러나 이러한 기술 개발은 개인의 생체 정보를 다루는 만큼, 개인정보 보호와 데이터 윤리에 대한 준비가 병행돼야 하며, 그 기준과 책임 범위도 엄격하게 설정돼야 한다. 특히 뷰티 AI 개발에 활용되는 얼굴, 피부, 체형 등 고유 식별이 가능한 인체 정보는 민감정보로 분류돼, 고도화된 보호 체계가 요구된다.

데이터의 수집과 동의의 원칙

피부 진단, 가상 메이크업과 같은 AI 뷰티 솔루션은 사용자의 고화질 얼굴 이미지, 피부결 상태, 색상 정보 등을 기반으로 한다. 이러한 데이터는 환자의 얼굴 사진, 피부 표면의 고해상도 이미지, 3D 스캐닝 데이터까지 포함한다. 이 모든 정보는 개인을 식별할 수 있는 민감 정보이기 때문에 데이터 수집 단계부터 높은 수준의 윤리적 절차와 동의 과정이 필요하다. 서비스 운영 과정에서 사용자의 명시적 동의(explicit consent)를 받아야 하고, 데이터 수집 목적과 보관 기간 등을 투명하게 안내할 의무가 있다.

국내외 법적 기준 및 규제

한국은 2020년 의료법 개정으로 민감정보 기반 연구 및 서비스에 대해 기관생명윤리위원회(IRB) 승인을 의무화하고 있다. 이는 뷰티 클리닉에서의 AI 분석 기술 도입에도 해당될 수 있다. 특히 얼굴 이미지와 같은 민감정보는 별도의 보안 절차가 요구되며, 목적 외 활용 시 법적 제재를 받을 수 있다.

미국 보건복지부(HHS)는 AI 관련 연구가 인간 대상일 경우, 반드시 임상연구심의위원회(IRB) 심의를 받아야 한다고 규정하고 있다. IRB 심의에서는 데이터 수집 목적, 동의 절차, 데이터 보안 조치, 제3자 제공 여부 등을 엄격히 평가한다.

글로벌 규제 동향과 뷰티 관련 법제 변화

의료 미용 분야에서 AI를 안전하게 활용하기 위해서는 글로벌 규제를 충족해야 한다.

미국 FDA의 의료기기로서의 소프트웨어 규제와 뷰티 AI

미국 식품의약국(FDA)은 AI 및 머신러닝(Machine Learning)을 활용한 소프트웨어를 '의료기기로서의 소프트웨어(Software as a Medical Device, SaMD)'로 분류해 규제하고 있다. 뷰티 분야에서는 피부 분석, 안면 인식, 시술 시뮬레이션 등 다양한 AI 기술이 활용되고 있으며, 이러한 제품들이 SaMD로 분류될 경우 FDA의 승인 절차를 거쳐야 할 수 있다.

유럽연합의 AI법과 뷰티 의료기기 규제

유럽연합(EU)은 2024년 8월 1일부터 'AI법(AI Act)'을 시행해, AI 시스템을 위험도에 따라 분류하고 이에 따른 규제 요건을 부과하고 있다. 특히 의료기기 분야에서 AI를 활용한 제품은 고위험 AI 시스템으로 분류돼 엄격한 규제를 받고 있다. 뷰티 분야에서 AI를 활용한 피부 진단, 시술 시뮬레이션, 맞춤형 스킨케어 추천 시스템 등이 탑재된 기기가 의료기기로 활용되거나 간주되는 경우, CE(Conformité Européenne, 인증)뿐만 아니라 AI법에 따른 추가적인 인증 절차를 거쳐야 할 수 있다.

한국의 AI 의료기기 가이드라인과 뷰티 분야 적용

한국 식품의약품안전처(MFDS)는 2023년부터 AI 기반 의료기기에 대한 가이드라인을 마련해, AI 기술을 활용한 의료기기의 개발 및 허가 절차를 명확히 하고 있다. 이러한 규정은 메디컬 에스테틱 분야에서 AI를 활용한 피부 상태 분석, 안면 인식, 맞춤형 스킨케어 추천 등의 기술이 의료용으로 간주될 수 있음을 시사한다. 성형외과, 피부과의 시술과 관련된 메디컬 에스테틱 분야에 대한 AI 소프트웨어의 규제 체계는 아직 명확히 정비되지 않은 상태이나, 피부 상태 분석, 안면 인식, 맞춤형 스킨케어 추천에 활용되는 AI 기술 탑재 기기가 의료기기로 활용되거나 간주되는 경우, MFDS의 허가 절차를 거쳐야 할 수 있다.

참고문헌

식품의약안전처(2025). 생성형 인공지능 의료기기 허가·심사 가이드라인.

American Society of Plastic Surgeons(2025.3.4). How AI Is Shaping the Future of Medicine and Plastic Surgery. https://www.plasticsurgery.org/news/articles/how-ai-is-shaping-the-future-of-medicine-and-plastic-surgery

Canfield. https://www.canfieldsci.com/

Clarius(2024.2.15). Clarius Invents a New Way to Help Clinicians Instantly Identify Ultrasound Anatomy. https://clarius.com/press/clarius-invents-a-new-way-to-help-clinicians-instantly-identify-ultrasound-anatomy/

Crisalix. Crisalix 3D Imaging Simulator https://www.crisalix.com/ko

HHS. (2022) IRB Considerations on the Use of Artificial Intelligence in Human Subjects Research

https://www.hhs.gov/ohrp/sachrp-committee/recommendations/irb-considerations-use-artificial-intelligence-human-subjects-research/index.html
European Union. Article 22 – Automated decision-making, includting profiling. https://gdpr-info.eu/art-22-gdpr

09
뷰티 살롱과 만난 AI와 로보틱스

전문가의 손길과 상담의 영역으로 여겨졌던 뷰티 살롱 산업에서도 최근 AI와 로보틱스를 결합한 새로운 서비스 모델이 등장하고 있다. 본 장에서는 AI 기반의 샴푸, 마사지, 네일 로봇부터 퍼스널컬러, 헤어, 피부 진단까지 확장되는 대화형 컨설팅 서비스의 사례를 중심으로, 기술이 뷰티 전문가의 감각을 어떻게 모사하고 대체하고 있는지를 살펴본다.

AI와 화장품?

뷰티 살롱, AI를 만나다

살롱은 아름다움과 건강을 위한 서비스를 제공하는 산업으로, 대표적으로 피부 관리, 헤어, 네일, 스파 등이 포함된다. 전문 종사자의 숙련된 경험과 감각에 의존하던 살롱 서비스는 최근 AI 및 로보틱스와 결합하며 새로운 형태로 진화하고 있다. 전문가의 손길과 같은 서비스를 제공하는 로보틱스부터 컨설턴트의 상담과 유사한 대화형 뷰티 컨설팅을 제공하는 AI까지 새로운 시도는 계속되고 있다. 이러한 변화는 살롱 공간에서의 인적 구성 변화뿐 아니라 매장의 서비스 차별화 전략 수립에도 중점적인 고려 사항이 될 만큼 큰 영향을 미치고 있다.

전문가의 손길과 같은 뷰티 로보틱스

파샤오카의 AI 샴푸 로봇

중국 광둥성의 성타이헬스테크놀로지그룹(Sheng Tai Health Technology Group)은 AI 기반 두피 세정 로봇 브랜드인 '파샤오카(Faxiaoka)'의 출시로 AI 헤어 살롱의 상용화를 본격화하고 있다. 이 AI 샴푸 로봇은 자동 드라이 기능과 QR 코드 기반의 스마트 기능까지 탑재돼, 살롱 방문 고객의 머리를 감기고 말리는 전 과정을

AI와 로보틱스를 활용해 자동화한다. 이 로봇은 중국 40여 개 매장에서 활용되고 있다.

에이스케이프의 AI 마사지 로봇

미국의 스타트업 에이스케이프(Aescape)는 AI와 로보틱스 기술을 융합한 로봇 마사지 시스템을 개발해, 뉴욕의 고급 피트니스 클럽 이퀴녹스(Equinox)와 럭셔리 호텔 체인에 공급하고 있다. 이 시스템은 사용자의 신체를 3D 스캔해 개별적인 체형과 근육 구조를 분석한 뒤, 개인 맞춤형 마사지 프로그램을 제공한다는 점에서 기존의 전통 마사지 살롱이 제공할 수 없는 차별화된 서비스를 제공한다. 사용자가 직접 마사지 로봇의 압력 강도, 마사지 부위, 배경 음악 등을 자유롭게 설정할 수 있으며, 그에 따라 실시간으로 조절되는 로봇 팔이 마사지를 진행한다. 에이스케이프의 마사지 로봇의 주요 공급 채널이 호텔 등의 프리미엄 시장이라는 점에서, AI 기반 살롱이 프리미엄 서비스 영역에도 확산될 가능성을 보여준다.

클락워크의 AI 네일 페인팅 로봇

미국의 스타트업 '클락워크(Clockwork)'는 자동화 네일

페인팅 로봇 '미니큐어(minicure)'를 개발해 서비스를 제공했다. 소비자가 손을 기기에 넣으면 로봇이 10분 이내에 네일 페인팅 서비스를 완성한다. 한편 클락워크는 2025년 로봇 네일케어 기업 '텐뷰티(10Beauty)'와 합병을 발표하며 서비스 운영 중단을 발표했다. 이들은 기존의 로봇이 제공하던 단순한 페인팅 자동화를 넘어 큐티클 정리, 폴리싱, 손톱 모양 정돈 등의 정교한 프리미엄 네일케어 로봇을 개발할 계획이다. 클락워크의 사례는 AI를 활용한 네일케어 살롱의 가능성을 보여 주는 한편, 전통적 네일 살롱이 제공하는 고객 경험을 AI가 완전히 대체하기 위해서는 편의성과 신속함 이외에도 제공해야 할 중요한 서비스 가치가 있음을 보여 준다.

전문가의 상담과 같은 AI 뷰티 컨설팅

트위닛의 AI 퍼스널컬러 컨설팅

뷰티테크 스타트업 트위닛은 언어모델(Language Model)을 접목한 AI 퍼스널컬러 진단기기로 북미와 중동, 아시아 권역의 대형 유통 채널에 AI 메이크업 솔루션을 공급하고 있다. 이 서비스는 AI 컨설턴트와 나눈 채팅으로 수집한 소비자의 주관적인 미적 기준과 다중 스펙트럼 AI 분석으로 정밀하게 수치화된 피부 톤 결괏값을 조합해 전문 상담사와 같은 대화형 컨설팅을 제공하는 점이 특징이다. 2025년 트위닛은 피부 톤과 두상 등에서 고유의 미적 기준을 가진 흑인 뷰티 시장을 타깃으로 한 대화형 AI 컨설팅 서비스를 뉴욕 유명 메이크업 아티스트와 협력하여 개발해 북미 유통 채널에 공급하고 있다.

스노우와 차홍의 AI 헤어 스타일링

네이버 자회사 스노우(SNOW)는 프리미엄 헤어살롱 '차홍 아르더'의 차홍 원장과 협력으로 AI 기반의 헤어컨설팅 서비스를 출시했다. 이 서비스는 사용자의 얼굴형과 취향 관련 정보를 분석해 커트 스타일과 염색 색상을 적용해 볼 수 있게 하며, 차홍 원장이 선별한 최적의 스타일 추천을 제시한다. 이러한 AI 헤어 스타일링 서비스는 기술력을 가진 여러 회사에서 시도를 했지만, 스노우의 정밀한 AI 분석 기술과 함께 차홍 원장의 감각적인 컨설팅을 융합한 AI 컨설팅이라는 점에서 차별화된 경쟁력을 보유하고 있다.

하이드라페이셜의 프리미엄 AI 스파

럭셔리 호텔 스파나 피부 관리 전문 숍에서는 AI 기반 진단 장비를 통해 고객의 피부 컨디션을 사전에 분석하고 맞춤형 트리트먼트를 제공하는 사례가 증가하고 있다.

미국의 '하이드라페이셜(Hydrafacial)'은 AI 기술을 활용한 프리미엄 스킨 부스팅 서비스를 럭셔리 스파 체인과 메디컬 에스테틱 센터에 도입하고 있다. 이 시스템은 고해상도 피부 스캐너와 AI 기반 분석 소프트웨어를 결합해, 고객의 수분량, 모공 상태, 트러블 지수 등 피부 컨디션을 종합적으로 진단한다. 진단 결과는 클라우드 기반 플랫폼에 저장돼 반복 방문 시 피부 상태의 변화를 추적할 수 있으며, 이를 바탕으로 가장 적합한 스킨 부스터 조합이 자동 설계된다. 고객은 해당 추천 결과를 바탕으로 즉석에서 맞춤형 앰플과 관리 프로그램을 제공받을 수 있고, 이 과정에서 관리사는 AI의 진단 데이터를 바탕으로 커스터마이징 상담을 진행한다. 하이드라페이셜은 현재 한국, 일본, 싱가포르, 미국 등 80여 개국 2만여 개의 살롱 및 병의원에서 사용되고 있으며, 기술 신뢰성과 고객 만족도 측면에서 AI 기반 뷰티케어의 대표적인 성공 사례로 꼽힌다.

참고문헌

김현아(2025.3.16). "'AI가 내 머리모양 추천' … 스노우, 유료 서비스

런칭". 이데일리.
https://www.edaily.co.kr/News/Read?newsId=01298886642103976&mediaCodeNo=257
트위닛. https://www.twinit.ai/
Hydrafacial. https://www.hydrafacial.com/
Tech in Asia(202.5.1). Chinese AI hair-washing robots set to launch in Hong Kong.
https://www.techinasia.com/news/chinese-ai-hair-washing-robots-set-to-launch-in-hong-kong
The Sanfrancisco Standard(2025.2.6). SF's robot manicurists are no more.
https://sfstandard.com/2025/02/06/sf-robot-manicure-company-clockwork-closes/
TIME(2024.10.30). Machine Massage.
https://time.com/7094771/aescape/

10
홈케어 디바이스와 AI

집에서 활용하는 가전 제품들이 AI와 만나며, 일상의 뷰티 루틴을 정밀한 데이터 기반 경험으로 전환하는 홈케어 뷰티(Home Beauty) 시장의 성장성이 주목받고 있다. 피부 진단, 보디 분석, 헤어 스타일링 전반에 걸쳐, AI는 사용자의 맞춤형 뷰티 루틴을 설계하며 매일의 변화를 기록하는 지능형 파트너로 자리 잡았다. 본 장에서는 AI가 주도하는 홈케어 뷰티 시장의 혁신 사례와 트렌드를 소개한다.

종교와 AI?

홈케어의 데이터 순환과 소비자 경험 진화

홈케어 디바이스는 사용자의 루틴을 학습하고, 피부나 체형의 변화를 감지하여, 축적된 데이터를 기반으로 지속적인 관리에 필요한 맞춤형 루틴을 사용자에게 제공하는 데이터 순환형 홈케어 플랫폼으로 진화하고 있다. 이러한 데이터 순환 구조의 발전은 홈케어 시장에서의 핵심 경쟁력을 '하드웨어의 성능'이 아닌 '데이터 기반 지속적인 브랜드 경험 설계 역량'으로 전환한다.

이러한 홈케어 디바이스의 데이터 순환 구조는 소비자와 브랜드 양측에 실질적인 가치를 제공한다. 브랜드는 이용자 데이터를 기반으로 화장품 등의 연관 수익 모델의 지속적인 구매를 유도할 수 있으며, 리뷰 데이터를 기반으로 제품 및 알고리즘을 고도화할 수 있다. 사용자 입장에서는 개인의 피부와 체형 변화를 이해하는 지능형 파트너를 통해 더욱 정교한 홈케어 루틴과 뷰티 전략을 설계할 수 있다.

홈뷰티 디바이스 시장의 성장성

글로벌 홈뷰티 디바이스 시장 규모는 2024년 약 142억 2000만 달러로 평가되며, 2032년까지 연평균 24.5%의 성장률로 1022억 6000만 달러에 이를 것으로 예상되는,

빠르게 성장하는 시장이다. 또한 한국 시장은 2024년 약 13억 2000만 달러 규모로 추정되며, 2034년까지 연평균 13.8%의 성장률을 보일 것으로 전망된다. 이러한 빠른 성장의 주요 동인은 개인 맞춤형 솔루션에 대한 수요 증가와 AI 기술의 발전으로 볼 수 있다. 최근 홈케어 시장에서는 피부케어뿐만 아니라 보디케어, 헤어케어 등의 제품군에서도 글로벌 시장에서 두각을 드러내는 혁신적인 제품이 등장하고 있으며, 이는 소비자들에게 새로운 뷰티 경험을 제공하고 있다.

피부케어 디바이스의 진화

누스킨의 스마트 클렌징 디바이스

미국의 글로벌 뷰티 기업 누스킨(Nu Skin)의 스마트 클렌징 디바이스인 '에이지락 루미스파 아이오(ageLOC LumiSpa iO)'는 피부 클렌징과 트리트먼트를 동시에 제공하는 스마트 홈케어 기기다. 이 디바이스는 전용 앱 '누 스킨 베라(Nu Skin Vera)'와 연동돼 사용자의 클렌징 습관, 피부 반응 이력, 주간/월간 사용 패턴 데이터를 분석하고, 이를 기반으로 사용자 맞춤형 스킨케어 루틴과 트리트먼트를 제안한다. 사용자는 자신의 피부 변화를 주기적으로 기록하고 결과를 시각화된 데이터로 확인할 수 있으며, 제품 사용법을 조정하거나 후속 아이템을 추천받아 자신의 라이프사이클에 따른 클렌징 루틴대로 디바이스를 활용할 수 있다.

에이피알의 탄력 개선 디바이스

에이피알(APR)의 메디큐브 에이지알(AGE-R) 디바이스는 전기 자극, 미세전류, 공기압 등을 활용해 피부 탄력 개선과 주름 완화에 효과적인 홈케어 솔루션을 제공한다. 이 디바이스는 전용 앱인 '에이지알 디지털 클리닉(AGE-R Digital Clinic)'과 연동해 AI 기반의 맞춤형 피부 상태 관리 솔루션을 제공하며, 사용자는 주름, 탄력, 수분 등에 관한 분석 데이터를 기반으로 디바이스 세기를 자동 설정하고, 주기적인 피부 변화 추적 기능을 활용할 수 있다.

보디케어 디바이스와 AI

인바디 핏플러스의 AI 홈 보디케어

체성분 분석 기업 인바디(InBody)는 2024년 홈케어 시장 공략을 위한 AI 체성분 분석 앱인 '인바디 핏플러스

(InBodyFit+)', 그리고 이 앱과 연동되는 가정용 디바이스인 '인바디핏(InBodyFit)'을 출시했다. 이 앱은 1억 4000만 개 이상의 체성분 빅데이터를 기반으로 만들어진 AI 체성분 관리 분석 기능을 핵심으로 하며, 독자적인 '핏스코어(Fitscore)' 점수 체계를 제공해 사용자가 동일 성별과 연령대 내에서의 건강 상태를 비교할 수 있는 기능을 제공한다.

바디프랜드의 733 안마 의자

안마 의자 브랜드로 알려진 바디프랜드(Bodyfriend)가 CES 2025에서 공개한 모델인 '733'은 사용자의 체형, 피로도, 선호 압력 등을 분석해 개인 맞춤형 마사지를 제공한다. 이 안마 의자는 전용 앱과의 연동으로 사용자에게 50개의 마사지 프로그램과 운동 프로그램 추천, 단일 다리 스트레칭, PNF 스트레칭, 걷기 동작을 지원하는 등의 홈 보디케어 기능을 제공한다.

AI 헤어 스타일링 디바이스

다이슨의 에어랩 i.d.

다이슨(Dyson)의 헤어 디바이스 에어랩 i.d.는 '마이다이슨(MyDyson)' 앱과의 연동을 통해 사용자의 모발 유형과 길이, 스타일링 목표를 입력받고 사용자의 모발 상태를 실시간으로 감지해 최적의 열과 바람 설정을 자동 조절하는 기능을 제공한다. 또한 지능형 열 제어 기능을 통해 온도를 150도 이하로 유지해 사용자의 모발 손상을 방지하고 광택을 유지할 수 있게 한다.

샤크 플렉스스타일

'샤크 플렉스스타일(Shark FlexStyle)'은 AI 헤어 스타일링 디바이스로, 드라이어, 스트레이트너, 컬링 아이언 등의 기능을 하나의 디바이스에 통합해 제공하고 있다. 이 제품은 AI 열 제어 기술을 통해 모발의 상태를 실시간으로 감지하고, 최적의 온도와 바람 세기를 자동으로 조절해 모발 손상을 최소화하면서도 사용자가 원하는 스타일을 손쉽게 연출할 수 있도록 하고 있다.

참고문헌

메디큐브. https://themedicube.co.kr/

이원국(2024.11.26). "인바디헬스케어, 가정용 체성분분석기 '인바디핏플러스' 출시". 헬스경향. https://www.k-health.com/news/articleView.html?idxno=76297

Nu Skin. https://www.nuskin.com/
Bodyfriend(2025.1.23). CES2025: Bodyfriend The Robot Massage Chair Uses AI Healthcare Technologies. https://bodyfriend.com/blogs/news/ces-2025-bodyfriend-the-robot-massage-chair-uses-ai-healthcare-technologies?srsltid=AfmBOoqtKgL6giuZN9g5ga8Omet41YhJGysbe_9vja26JU8FpliscKpy
Dyson. Dyson Airwrap. https://www.dyson.com/hair-care/hair-stylers/airwrap-id
Shark. Shark FlexStyle Air Styling & Drying System. https://www.sharkclean.com/products/shark-flexstyle-air-styling-drying-system-straight-wavy-zidHD430
Zion Market Research(2024). Home-Use Beauty Devices Industry Prospective. https://www.zionmarketresearch.com/report/home-use-beauty-devices-market

이동윤

디지털휴먼 스타트업 ㈜트위닛의 대표이사다. 카이스트(KAIST) 산업 및 시스템공학과를 졸업했으며, 트위닛 뷰티 인텔리전스 솔루션의 제품 책임자로서 문화권별 미적 취향을 반영하는 선호미학벡터(PBV) 기반의 옴니채널 AI 뷰티 시스템 개발을 리드하고 있다. 메타버스얼라이언스의 미래전략분과위원, 가상융합경제활성화포럼의 상생분과위원으로 활동하고 있다. 저서로는 《버추얼 휴먼, 새로운 인간》이 있다. 한국특허전략개발원에서 표준특허전략맵 공간컴퓨팅 전략위원을, ㈜인바디 AI개발팀에서 실감형 인공지능을 활용한 생체 분석 프로젝트의 PM을 역임했다. 트위닛 뷰티 인텔리전스 솔루션의 개발과 글로벌 출시를 리드하며 2025 대한민국 AI 산업 대상을 수상하였으며, 2024 CES 혁신상, 제23회 모바일기술대상 과학기술정보통신부장관상을 수상했다.